Anne-Mareike und
Wibke-Martina Schultz

Meerjungfrauen

Geschichten und Traumreisen
mit den Töchtern des Poseidon

Schirner
Verlag

ISBN 978-3-8434-5081-2

Anne-Mareike und
Wibke-Martina Schultz
Meerjungfrauen
Geschichten und Traumreisen
mit den Töchtern des Poseidon
© 2014 Schirner Verlag, Darmstadt

Satz & Umschlag: Simone Fleck,
Schirner, unter Verwendung von
#32271496 (frozenstarro),
www.fotolia. com, und #84384247
(Andrea Danti), www.shutterstock.com
Redaktion: Janina Vogel, Schirner
Printed by: ren medien, Filderstadt,
Germany

www.schirner.com

1. Auflage Mai 2014

Inhalt

WAE AKU I KA LANI

Du darfst dem Universum
vertrauen.

Widmung

»Höre das zarte, sanft berührende Lied deiner Seele.«
Wir widmen dieses Büchlein den Bewohnern
unserer Meere und Ozeane.
Wir danken ihnen, dass sie uns daran erinnern,
dass wir geistige Wesen sind,
die menschliche Erfahrungen machen,
die ausgestattet sind mit schöpferischen Kräften,
um die Welt auf eine friedliche, paradiesische
Frequenz zu erheben.
Weiter möchten wir dieses Büchlein all jenen widmen,
die sich von Meerjungfrauen,
Delfinen und Walen angezogen und von unseren lieben
Seelenfamilien getragen fühlen.
Wir haben es sehr genossen, mit ihnen zusammen-
zuwirken und auf dieser Welle der Verbundenheit
zu gleiten.

Danksagung

Es ist oft so, dass man die besseren Worte im Herzen trägt, daher ist dies nur ein kleiner Versuch, unsere Dankbarkeit auszudrücken. Unserer Familie und Seelenfamilie sind wir aus tiefsten Herzen dankbar. Möge euch der goldene Regen des Segens begleiten.

Wir möchten unseren Eltern, Anne-Karine und Hans-Albert, danken, dass sie unsere Eltern sind und uns dieses Leben geschenkt haben. Wir möchten ihnen für ihre Liebe, Unterstützung und das immerwährende Verständnis danken. Sie haben die Fähigkeiten von uns Zwillingen immer unterstützt, haben uns die Welt geschenkt und unsere Quelle der unbegrenzten Möglichkeiten stets sprudeln lassen. Wir hätten uns keine besseren Eltern wünschen können. Ein großes Dankschön an unsere Mutter, die uns bei diesem Buch zauberhaft unterstützt hat. Wir danken auch unserer älteren Schwester Inken dafür, dass sie unsere große Schwester ist, wir gemeinsam alles besprechen

können und sie immer ein offenes Ohr für uns hat. Danken möchten wir auch unserer wunderbaren und lieben Freundin Jeanne Ruland, denn ohne sie und ihre wunderbare Unterstützung wären dieses Buch und diese Reise nicht möglich gewesen. Du bist ein Geschenk für uns und die Welt. Danke, Jeanne, dass es dich gibt.
Ein Dankeschön geht an unsere zauberhafte und liebe Freundin Melanie Missing. Danke, dass wir ein Teil der gemeinsamen Reise sein dürfen. Es ist ein wahres Geschenk, dass wir unter anderem die »Essenz der Meerjungfrau« zusammen kreieren durften. Schön, dass es dich gibt.
Wir sagen unseren Verlegern, der wunderbaren Heidi und dem wunderbaren Markus Schirner, Danke aus tiefstem Herzen für ihr Vertrauen in uns und ihre himmlische Unterstützung. Wir wissen dies sehr zu schätzen und sind tief berührt. Mahalo an euch zwei wunderbare Wesen.
Unserer lieben und unermüdlichen Lektorin Janina Vogel danken wir, denn es war eine wundervolle, freudvolle und leichte Zusammenarbeit. Es war bezaubernd.
Wir haben es sehr genossen, zusammen zu wirken und die Meerjungfrauen noch sichtbarer werden zu lassen.

ALOHA, möge die Liebe uns allzeit führen.
Anne-Mareike und Wibke-Martina Schultz

ULU KA HOI
Deine innere Ausrichtung
tritt in die Wirklichkeit.

Vorwort

Die Meerjungfrauen begleiten uns schon unser ganzes Leben. Bereits unsere Oma hat uns das Märchen von der kleinen Meerjungfrau von Hans Christian Andersen zum Einschlafen erzählt. Inspiriert durch diese Geschichte haben wir Zwillinge uns in unseren Träumen verabredet und uns als Meerjungfrauen getroffen. Das Meerjung-frauenwesen in uns und damit das Gefühl, dass alles ins Fließen kommt, hat uns fortan an vielen schwierigen Weggabelungen weitergeholfen. Es lässt uns Leichtigkeit, Geborgenheit und Angekommensein spüren – und wir genießen dieses Gefühl.

Dieses Büchlein ist in der Du-Form geschrieben. So kann eine Nähe und Vertrautheit entstehen, die wir brauchen, wenn wir gemeinsam mit den Meerjungfrauen auf dieses Abenteuer gehen. Die Form unterstützt das Bewusstsein dafür, dass wir uns alle auf Augenhöhe begegnen, mit un-seren Herzen verbunden sind und es in der Tiefe unserer Wesen keine Trennung gibt.

Das Erwecken des Meerjungfrauenwesens in uns bringt unsere göttlichen Funken zum Sprühen und Leuchten, sodass die Kommunikation mit unseren Herzen und unseren Wünschen wieder frei fließen kann. In uns erwacht die Kraft, unsere Träume zu verwirklichen!

Mithilfe unseres inneren Meerjungfrauenwesens werden wir uns wieder mit dem Element Wasser verbinden – und sein Fließen leben, integrieren und feiern. Wir erkennen die Verbundenheit mit allem. Obwohl wir an Land leben, können wir uns wie die Meerjungfrauen im Fluss fühlen und diese Stabilität und Mitte genießen. Wir erfahren und lernen mehr über das Wasser und seine Informationen, wodurch die uralten, reinen Erinnerungen an unseren göttlichen Funken geweckt werden.

Eine Begebenheit, die die Meerjungfrauen ganz zurück in unser Leben gebracht hat, war ein Erlebnis mit Delfinen: Im Jahr 2010 schwammen wir auf Hawaii mit wilden Delfinen – und in uns erwachte unser Meerjungfrauenwesen wie aus einem Dornröschenschlaf. Wibke tauchte ab, ließ sich in die Tiefe sinken, und beim Auftauchen begleitete sie ein Delfin, der zum Greifen nah war. Die Zeit schien für einen Moment stillzustehen, das ganze Universum hielt für eine Sekunde inne. Ihre Augen trafen sich, und es war, als ob sie in die Augen einer Meerjungfrau blicken würde. Das Bild in ihrem Kopf war vollkommen klar. Sie konnte die Meerjungfrau genau sehen, mit ihrem langen

Haar, mit ihrer Liebe im Herzen, mit ihrer Weichheit und ihrer Anmut – und trotzdem war die Meerjungfrau als Delfin »getarnt«. Der Delfin sendete dieses Bild über seine Gedanken an seine ganze Delfinschule – und auch an uns, als er in Wibke ihr Meerjungfrauenwesen erkannte. In diesem Moment war es um uns beide geschehen, denn plötzlich strömten die Erinnerungen an die Meerjungfrauen auf uns ein, und von diesem Zeitpunkt an begann unsere bewusste Reise zu den Meerjungfrauen.

Die Schwingungen der Meerjungfrauen sind die Liebe, das Licht und die Leichtigkeit, sind Töne und Gesänge. Diese Schwingungen wollen wir sichtbarer machen und jeden daran teilhaben lassen – sodass jeder das Echo seines Herzschlages spüren kann. Aufgewühlte Gefühle und alte Verwundungen der Seele können hier Linderung, Frieden und Erfüllung erfahren.

Es ist ein wunderbares Gefühl, als Meerjungfrau durch die Ozeane zu schwimmen, Schätze in uns wiederzuentdecken, unsere Herzquelle wieder frei fließen zu lassen und mit jenen magischen Wesen in die Tiefen abzutauchen – und mit diesem Büchlein wollen wir diese wunderbaren Geschenke der Meerjungfrauen teilen.

Einführung:
Die Welt der Meerjungfrauen

Die Meerjungfrau nimmt dich an die Hand – als Vertraute, als Freundin und als Lichtwesen. Sie zwingt dich in nichts hinein, sondern sie begleitet dich. Sie leistet dir Hilfestellung und nimmt dich so an, wie du bist. Sie ist dein Bindeglied zum Element Wasser, aber auch in andere Dimensionen. Mit ihr an deiner Seite öffnen sich feinstoffliche Tore in andere Welten und Dimensionen. Erweckst du dein Meerjungfrauenwesen, dein inneres Lichtwesen, kannst du in diesen Dimensionen leichter wandeln. Dadurch kannst du dich auf eine andere Weise wahrnehmen und dich neu entdecken. Du wirst feststellen, dass du die Wege bereits kennst und du mit den Dimensionen bereits vertraut bist. Die Quelle der unbegrenzten Möglichkeiten in deinem Herzen beginnt wieder zu sprudeln. Lasse dein Meerjungfrauenwesen leuchten, wachsen und größer werden.

SYMBOLKRAFT DER MEERJUNGFRAUEN

Meerjungfrauen sind demütige, nicht selbstbezogene Wesen und begegnen ihrem Gegenüber immer auf Augenhöhe. Sie kommunizieren auf der Herzebene. Zudem besitzen sie die Fähigkeit, mit den Meeresbewohnern, aber auch mit uns Menschen zu reden. Meerjungfrauen sind wunderschön, anmutig und verführerisch. Ihre Figur hat eine sinnliche und kurvige Form. Sie haben fast immer einen weiblichen menschlichen Oberkörper, und ihr Unterkörper besteht aus einem Fischschwanz, meist von der Hüfte an abwärts. Dieser Fischschwanz besitzt die Schuppen eines Fisches, jedoch die Schwanzflosse eines Delfins. Sie ist horizontal ausgerichtet und nicht wie bei einem Fisch vertikal. Der Fischschwanz muss nicht immer blau, grün oder petrolfarben sein, er kann und darf jede Farbe haben – von Magenta über Orange bis hin zu Schwarz. Er kann mit Perlen geschmückt und von einem magischen Glanz und Glitzer geprägt sein. Auch die Haut muss nicht immer grünlich oder fahl sein, wie in der griechischen Mythologie beschrieben, sondern kann menschlich aussehen und vielleicht sogar voller Sommersprossen sein. Die Augen einer Meerjungfrau können alle Farben haben, jedoch soll ein tiefer und geschulter Blick das funkelnde Meer in ihnen erkennen können. Ihr Haar, das die Meerjungfrau intensiv pflegt, kann blond, rot, bläulich oder dunkel sein und ist fast immer lang. In vielen Darstellungen sitzt die Meerjungfrau in der Sonne und kämmt ihre Haare. Das Kämmen der Haare, ob lang oder kurz, hat eine klärende und harmonisierende Wirkung auf das Energiesystem.

Aufgrund ihres Aussehens, der besonderen Beschaffenheit ihres Körpers, ihrer anmutigen Wesensart und ihrer verführerischen Bewegungen symbolisieren die Meerjungfrauen viele verschiedene Eigenschaften:

Sinnlichkeit

Auf vielen Bildern und als Statuen sehen und erleben wir Meerjungfrauen als sinnliche Wesen, die mit ihrer Weiblichkeit, mit ihrem Körper und mit den Elementen im Einklang schwingen und leben. Sie strahlen solch eine Sinnlichkeit aus, dass Matrosen ihr Schiff auf ein Riff laufen lassen und Könige sich nur noch eine Meerjungfrau als Gemahlin vorstellen können. Verantwortlich dafür ist ihre reine Energie, die sie ausstrahlen. Sie erwecken unsere Sinne, sodass auch wir das Schöne und Anregende dieser Welt erfahren können und die Kommunikation mit unserem Herzen und der Welt wieder frei fließen kann. Ist unsere Herzebene gestärkt und rein, fällt es auch uns leichter, uns zu zentrieren. Innere Gelassenheit, Anmut und Reinheit können erstrahlen und wir unserer Bestimmung folgen.

Im Zusammenhang mit der Sinnlichkeit der Meerjungfrau darf man immer auch ihren Tempel betrachten, denn dies ist der Ort, an dem sie ihren Körper pflegt und ehrt. Indem wir ihren Tempel betreten, berühren wir die Welt der Meerjungfrau und gestatten ihr so, auch uns zu berühren. Wir erkennen, dass der Tempel ein Bild für unseren Körper ist. Unser Körper ist unser Tempel, und so, wie die Meerjungfrau ihren Körper ehrt und preist, so dürfen auch wir es tun. Die Meerjungfrau lehrt uns, unseren eigenen Körper ebenfalls als etwas Göttliches zu preisen. Sinnlichkeit, Weiblichkeit und Zärtlichkeit sind Aspekte von uns, die nichts mit Befriedigung aus rein sexueller Sicht zu tun haben, sondern etwas, was wir in unserem Tempel spüren und ehren dürfen. Wir ehren das Göttliche in uns und erleben unseren Körper, unsere Seele und unseren Geist als eine Einheit – wir werden zu einem Tempel des Lichts.

Urweiblichkeit

Meerjungfrauen symbolisieren die ursprüngliche, reine Weiblichkeit. So ist die sinnliche, barbusige Meerjungfrau ein Zeichen für Fruchtbarkeit, für die Empfangende und die Nährende. Sie steht für das mütterliche Prinzip und die Leben spendende Kraft in uns und ist damit Sinnbild für den Schoß der Urmutter. Aus diesem Schoß entstammt alles Leben der Erde, so, wie auch das Wasser Quell allen Lebens ist. Nur durch Wasser kann Leben entstehen. Als Hüterinnen und Wächterinnen des Wassers stehen die Meerjungfrauen daher für das urweibliche Prinzip der Lebenserweckung und -erneuerung. Dazu gehört auch ihre Bereitschaft, sich für andere Wesen, Menschen und die Erde einzusetzen. Daher wird noch heute an Quellen, Flüssen, Wasserfällen, Grotten und Meeren durch Blumen oder Waschungen der Meerjungfrauen und Meeresgöttinnen gedacht und um Fruchtbarkeit gebeten. Durch die Meerjungfrauen erinnern wir uns unserer eigenen inneren Weiblichkeit. Sie lehren und zeigen uns, dass wir die Weiblichkeit lieben und ehren sollen. Sie leiten uns an, die Weiblichkeit als ein Geschenk anzunehmen. Zudem erleben wir durch die Rückkehr ins Wasser die Rückkehr in den Schoß der Urmutter, um dort die wahre Quelle des Lebens zu entdecken.

Schönheit

Die Urweiblichkeit ist die Schönheit einer Meerjungfrau. Sie symbolisiert den Anfang der Weiblichkeit, einen vollkommen reinen Ursprung – und aus Reinheit entsteht Schönheit. Die Schönheit und das Gefühl der Weiblichkeit sind daher eng miteinander verknüpft. Die Schönheit liegt im Auge des Betrachters – aber man kann Schönheit nicht nur sehen, sondern auch spüren. Sie ist etwas, was man mit dem Herzen und dem Körper wahrnimmt und nicht mit dem Verstand erfassen kann.

Die Schönheit hat eine eigene Schwingung. Die Meerjungfrau zeigt uns, wie wir mit ihrer Hilfe unsere urweibliche
Schwingung erwecken können. Als Lichtwesen reicht sie
uns ihre Hände und lässt uns in einen Ozean des Wissens eintauchen. Wir erinnern uns, wie es war, eine reine
urweibliche Schwingung besessen zu haben. Mit diesem
Wissen kann die Quelle der Schönheit in uns wieder frei
sprudeln. Wir werden innerlich leuchten – und so von
innen heraus eine ganz eigene Schönheit ausstrahlen.

Balance

Die Meerjungfrau zeigt uns, wie wir unsere Ursprüng-
lichkeit leben können. Durch sie erkennen wir, dass wir
in unserem Inneren wieder ein Gleichgewicht herstellen
und überprüfen müssen, ob unsere männliche und unsere
weibliche Seite in Balance sind. Die Meerjungfrauen
können uns bei diesem Thema helfend unter die Arme
greifen, damit wir diese Balance wieder spüren und leben
können. Sie zeigen uns einen Weg auf, wie wir wieder in
die Mitte der Dualität kommen.

Leichtigkeit

Die Meerjungfrauen stehen uns im Rhythmus von Natur
und Kosmos und im Wechsel der Gezeiten helfend zur
Seite. Sie tragen uns bei den Themen des Lebens und
begleiten uns im Wandel vom Mädchen zur Frau, von der

Frau zur Mutter und von der Mutter zur Frau. Sie helfen uns aber auch beim Suchen und Finden unserer Wege. Diese Hilfe wird auch Männern geschenkt, denn die Meerjungfrau unterstützt sie ebenfalls. In der Verbindung mit der Meerjungfrau können auch sie die Welle des Lebens in Leichtigkeit meistern. Meerjungfrauen lassen uns alle erkennen, wie wichtig es ist, das Leben zu genießen. Sie helfen uns, unsere innere Zufriedenheit zu verankern und die Resonanz der Leichtigkeit in uns erklingen zu lassen. Wir spüren, wie es ist, in Freude, Zufriedenheit und Leichtigkeit auf der Welle des Lebens zu gleiten.

Geborgenheit

Meerjungfrauen haben zwar ein junges, meist mädchenhaftes Erscheinungsbild, dennoch stehen sie für Urweiblichkeit und Mütterlichkeit. Bei ihnen können wir uns geborgen und sicher fühlen. Die Meerjungfrauen legen schützend ihre Hände über uns und helfen uns bei allen Themen unseres Lebens, in der Pubertät, in unserer Fruchtbarkeit und Schwangerschaft, aber auch in der Kinderlosigkeit, in unserer Zeit als Mutter oder als Geschäftsfrau. Der Schutz, den wir durch die Meerjungfrauen erfahren, wird auch durch die Meerjungfrauen-Grotte symbolisiert. Hier erleben wir das Gefühl, wie es ist, wieder zurück in den Schoß der Mutter zu kriechen und der Großen Mutter ganz nah zu sein – wir erleben Schutz und Geborgenheit. Geborgenheit ist wie ein Loslassen und Wohlfühlen aufgrund des Wissens, dass nichts Unvorhergesehenes oder Schlimmes passieren kann. Man ist fernab von Stress und negativen Einflüssen. In unserer ureigenen Grotte können wir uns beschützt und sicher fühlen. Unser Urvertrauen wird gestärkt und unser Körper entspannt sich. In der Entspannung können unsere Muskeln, unsere Systeme und unsere Zellen regenerieren, wir können ganz zu uns kommen und erleben, welche Bedürfnisse wirklich wichtig sind. In der Stille der Grotte nur für uns zu sein, lässt uns ganz tief in uns hineinsinken und uns unser inneres Licht wieder klar sehen.

Innere Stimme

Nicht nur das Erscheinungsbild der Meerjungfrau ist eindrucksvoll, sondern auch ihre Stimme. So sollen Meerjungfrauen durch ihren betörenden Gesang und ihre wundersamen Klänge Menschen angelockt haben. Meerjungfrauen werden daher mit Kommunikation, Selbstbestimmung und Unabhängigkeit in Verbindung gebracht, wofür auch das Kehlkopf-Chakra steht. Zudem können wir aus dem Märchen der kleinen Meerjungfrau (siehe Seite 60–61) ableiten, dass die Meerjungfrau für die Stimme, die innere Stimme und wahre Bestimmung in unserem Leben steht. Sie kann uns helfen, diese wiederzuerlangen.

Weisheit

Die Meerjungfrau symbolisiert die Weisheit, die In-die-
Zukunft-Schauende, die Wunscherfüllende. Ihr tiefes
Wissen erlangt sie durch ihre Verbundenheit mit allem.
Diesen Aspekt spiegelt ebenfalls das Märchen von der
kleinen Meerjungfrau wider. Es ist eine eindrucksvolle
Vorstellung, wie sich die kleine Meerjungfrau mit der
ganzen Welt verbunden hat, indem sie sich als Schaum-
krone an Land tragen ließ und von hier aus als konden-
sierter Regentropfen die Welt mit ihrem Wesen nährt. Die
Erinnerungen und Erfahrungen auf ihren Reisen in einem
Regentropfen um die Welt geben die Meerjungfrauen an
uns weiter. So steckt in jedem von uns ein Teil des tiefen
Meerjungfrauenwissens

Innerer Schatz

In vielen Legenden wird berichtet, dass Meerjungfrauen
unsere verlorengegangenen Schätze behüten und be-
wahren. Wenn wir den Meerjungfrauen unsere Schätze
anvertrauen, gehen diese nicht verloren, sondern können
durch einfaches Nachfragen wieder zu uns zurückgeholt
werden. Unsere inneren Schätze sind vielfältig, bunt und
unermesslich. Es sind unsere Fähigkeiten, Möglichkeiten,
Talente, Begabungen und Berufungen. Sie alle sind so
einzigartig wie unser eigener Fingerabdruck. Keiner dieser
Schätze gleicht einem anderen Schatz. Bei unserer Geburt

werden uns bestimmte innere Schätze mitgegeben, mit denen jeder von uns seine einzigartige Bestimmung erfüllen und leben kann. Einen Teil unseres Schatzes geben wir im Laufe unseres Lebens allerdings zur Aufbewahrung ab, meist in Situationen der Scham, des Schockes, der Verletzung, aber auch aufgrund von Schuldgefühlen oder übertriebener Sorge. Wir fühlen uns unseres inneren Schatzes nicht mehr würdig. Die Meerjungfrauen zeigen uns, dass diese Gründe mit der Zeit an Bedeutung verlieren. Wir erkennen, dass wir jegliche Verurteilung, vor allem von uns selbst, loslassen und unsere inneren Schätze wieder bergen dürfen. So kann die Quelle unseres Herzens wieder frei fließen und unser innerer Schatz erstrahlen.

DELFINE, MEERJUNGFRAUEN
UND IHR WESEN

Viele Geschichten, Bilder, Bücher und hawaiianische Lehrer berichten, dass eine enge Verbindung zwischen Delfinen und Meerjungfrauen besteht. Der Sage nach sind Delfine reinkarnierte Meerjungfrauen. So sind zwar nicht alle Delfine reinkarnierte Meerjungfrauen, aber jede Meerjungfrau kann sich als Delfin in unsere Ozeane reinkarnieren. Daher lieben es Delfine, zusammen mit Menschen zu schwimmen, die ihre innere Meerjungfrau wiedererweckt haben und die ihre ureigene Meerjungfrauen-Schwingung ausstrahlen. Delfine können direkt in unser Meerjungfrau- enwesen blicken und uns auffordern, dieses intensiver zu leben. Sie genießen es, sich in diesem Resonanzfeld zu bewegen und geben uns ein Gefühl, als würden wir schon seit Urzeiten mit ihnen durch die Weltmeere schwimmen. Als Mittler zwischen den Dimensionen haben sich Delfine dazu entschieden, in unseren Ozeanen zu schwimmen. Sie erinnern uns daran, dass wir mit ihnen den Dimensi- onssprung wagen können, um uns für neue Erfahrungen des All-eins-Seins zu öffnen. Die Meerjungfrauen, die als Lichtwesen immer wieder den Kontakt zu uns suchen, nutzen die Familie der Delfine, ihre Freunde, Verbündeten, reinkarnierten Meerjungfrauenschwestern, um mit uns zu kommunizieren. Sie möchten uns zeigen, dass auch wir die höheren Dimensionen kennen. Sie reichen uns die Hände, damit wir zusammen mit den Delfinen den Dimensionssprung wagen können.

Menschen können hingegen ein Meerjungfrauen*wesen* besitzen. Dieses Wesen kann sehr präsent sein und sich zum Beispiel in der Berufswahl oder anhand der Hobbys zeigen, wenn sie mit dem Element Wasser zu tun haben oder sich an ihnen eine Vorliebe für die Gewässer unserer Erde offenbart. Es kann sich auch dadurch zeigen, dass diese Menschen ohne das Schwimmen innerlich vertrocknen würden und stets Entspannung oder Herausforderung mit und im Wasser suchen. Dieses Wesen ist bei den einen sehr gut erkennbar und bei anderen kaum zu sehen. Es kann aber auch sein, dass man sich zwar zu den Meerjungfrauen, Delfinen und vielen Wasserbewohnern hingezogen fühlt, aber dennoch Angst vor dem Meer und den Ozeanen hat. Dann kann ein Meerjungfrauenwesen in einem schlummern, das nur darauf wartet, geweckt zu werden.

Wenn in dir ein Meerjungfrauenwesen schlummert, dann nehmen dich die Meerjungfrauen an die Hand und helfen dir, dieses zu wecken und größer werden zu lassen. Die Übungen in diesem Buch können dich, wenn du möchtest, dabei unterstützen, dieses Wesen mehr in dein Bewusstsein zu holen. Erlaube dir, Schuppen und einen Fischschwanz wachsen zu lassen oder zumindest dich für die Botschaften und das Wesen dieser magischen Geschöpfe zu öffnen.

POSEIDON UND SEINE TÖCHTER

Poseidon ist in der griechischen Mythologie der Gott
des Meeres, der Sohn des Kronos und der Rhea und der
Bruder des Zeus und des Hades. Kronos verschlang seine
Kinder nach der Geburt, doch Rhea konnte Zeus verstecken, der daraufhin seine Geschwister befreite. Durch
seinen Blitz und Poseidons Dreizack wurden Kronos und
das Göttergeschlecht der Titanen besiegt. Danach wurde die Welt unter den Brüdern in drei Teile aufgeteilt:
Poseidon erhielt das Meer, Zeus den Himmel und Hades
die Unterwelt.

Poseidon war mit Amphitrite verheiratet, gemeinsam hatten sie viele Kinder, darunter die Töchter Rhode und Benthesikyme. Amphitrite wird als wunderschöne Meernym-
phe und als Herrscherin der Meere beschrieben. Sie wollte
unverheiratet bleiben und versteckte sich vor Poseidon.
Dieser schickte jedoch einen Delfin, um sie zu suchen
und sie von einer Heirat zu überzeugen. Als Amphitrite
auf dem Rücken des Delfins zu Poseidon zurückkehrte,
bekam der Delfin zur Belohnung einen Platz als Sternbild
im Himmel.

Poseidon hatte neben seiner Beziehung zur Amphitrite
unzählbare Liaisons mit anderen Meernymphen, aus
denen viele Kinder hervorgingen, unter anderem der Riese
Orion. Er zeugte zudem den ersten König von Atlantis.

Dieser ging aus der Beziehung mit der sterblichen Kleito hervor, mit der Poseidon insgesamt fünf Zwillingspaare zeugte. Auf diese teilte Poseidon seine Inseln gerecht auf, jedoch wurde Atlas der König der Hauptinsel.

Poseidons Töchter Benthesikyme und Rhode waren Meernymphen. Benthesikyme war die Königin Äthiopiens und verheiratet mit dem ersten König Äthiopiens, Enalos, der auch aus dem Meer stammte. Sie war die Göttin der Wellen. Rhode war die Göttin der Inseln der Ägäis und Ehefrau des Sonnengottes Helios.

MEERJUNGFRAUEN UND IHRE ERSCHEINUNGSFORMEN

Es gibt zahlreiche Geschichten, Legenden, Sagen, Märchen und Mythen, in denen von Wasserwesen gesprochen, gesungen und geflüstert wird. Es gibt kaum ein Land, in welchem die Meerjungfrau nicht in irgendeiner Form präsent ist. Bei zahlreichen Wasserwesen ist ein eindeutiges Erkennen der Eigenschaften und Fähigkeiten nicht sofort möglich, und es kommen immer wieder neue Gesichtspunkte hinzu. Generell lässt sich jedoch sagen, dass eine Meerjungfrau ein Mischwesen darstellt, das halb Mensch ist und halb Fisch.

Meerfrauen und Wasserfrauen

Dies ist die mütterliche Form der Meerjungfrau. Auch Meerfrauen können einen menschlichen Oberkörper und einen Fischschwanz als Unterkörper haben. Häufig haben sie aber auch nur eine menschliche Gestalt oder die Gestalt eines Frosches, eines Schwanes oder eines anderen Wassertieres. Charakteristisches Merkmal ist ihre positive Einstellung zum Menschen. In der Form der Wassermutter spenden sie Leben, Schutz und Segen. Sie verkörpern die liebende Mutter.

Sirene

Sirenen sind weibliche Fabelwesen aus der griechischen Mythologie. Zuerst wurden sie als Mischwesen aus Frau und Vogel beschrieben, dann als Mischwesen aus Frau und Fisch. Durch ihren betörenden Gesang lockten sie vorbeifahrende Seefahrer und deren Schiffe an, um sie anschließend zu töten. Die wohl bekannteste deutsche Legende ist die von der Loreley.

 *Die Erzählung von der Loreley*

Die Balladen, Sagen und Märchen von der Loreley sind sehr umfangreich. 1801 schrieb Clemens Brentano eine kurze Ballade zur Loreley. In dieser Ballade war sie jedoch keine Meerjungfrau, sondern eine Zauberin. Ihr Zauber lag in ihrer Schönheit, durch die sie den Männern den Verstand raubte, die dadurch den Tod fanden. Sie wurde zum Tode verurteilt, doch kein Mann konnte sie töten, da sie alle ihrem Zauber unterlagen. Dabei wollte die Loreley sterben, denn sie war unglücklich verliebt. Bei ihr selbst hatte ihre Magie nicht funktioniert, und sie war von ihrer großen Liebe verlassen worden. Die Loreley wurde in ein Kloster geschickt. Aber auf dem Weg dorthin sollte ihr ein letzter Wunsch gewährt werden: Sie wollte noch einmal das Schloss ihres Geliebten sehen. Sie erklomm einen Felsen direkt über dem Rhein. Doch in dem Moment, als sie glaubte, das Schiff ihres Geliebten zu sehen, stürzte sie ins Wasser und ertrank.

Auch Heinrich Heine nahm sich des Mythos von der Loreley an. Er war der Erste, der die Loreley als nixenhaft darstellte und ihre Fähigkeiten denen einer Sirene gleichsetzte. Er beschrieb sie als eine wunderschöne Frau, die anmutig und anziehend war. Während sie auf einem Stein im Abendlicht saß, kämmte sie ihre goldenen Haare und sang eine verzaubernde Melodie. Die Schiffer, die sie sahen und hörten, vergaßen, auf die Strömung und die Felsenriffe zu achten, und gingen zusammen mit ihren Schiffen unter.

In dem Märchen vom Rhein griff Brentano die Figur der Loreley erneut auf, und zwar als Hüterin des Nibelungenhorts, eines sagenumwobenen und fluchbeladenen Schatzes. Auch hier wurde sie als wunderschön und klug beschrieben, hatte goldenes Haar und eine liebreizende Stimme. Auch sie betörte die Schiffer, die daraufhin mit ihren Schiffen untergingen. In diesem Märchen konnte sie ihr Alter ändern, war das eine Mal eine Frau der Jugend und ein anderes Mal eine Frau der Weisheit. Auch konnte sie ihre Gestalt verändern und wurde von einer Meerjungfrau zu einem schönen Bauernmädchen. Doch auch in dieser Gestalt war ihr das Glück nicht hold, und sie wurde betrogen. Sie zog sich, wieder in der Gestalt einer Meerjungfrau, in ihr Schloss zurück – auf den Loreley-Felsen. Von dem Betrug war ihr Herz so schwer, dass sie sich auf einen Felsen in der Nähe ihres Schlosses setzte, ihr goldenes Haar kämmte und traurige Melodien sang. Die Schiffer, die sie verspotteten, zog sie in die Tiefen des Rheins und in den Tod.

Rusalka

Auch in den slawischen Ländern gibt es einen Naturgeister-Mythos, der ein Wesen beschreibt, das den Meerjungfrauen und Nixen ähnelt. Es nennt sich Rusalka. Es hat die Gestalt einer Frau, die nicht nur im Wasser, sondern auch auf dem Feld oder auf den Bäumen leben kann. Die Gesellschaft der Rusalken besteht allerdings nicht nur aus Frauen, sondern auch aus Männern.

Nymphe

In der griechischen und römischen Mythologie sind Nymphen Naturgeister und Wasserwesen. Sie sind himmlische Wesen niederen Ranges, Hüterinnen von Quellen und Flüssen, Sinnbilder der Naturkräfte und Verkörperungen des Lebens in der freien Natur. Ihr Körper hat eine weibliche jugendliche Form und ist, obwohl Nymphen Wasserwesen sind, in lange, wallende Gewänder gehüllt. Sie sind die gütigen Geister vieler Orte, unterstützen diese, lassen sich aber treiben, da sie sich an keinen Ort fest binden lassen. Sie tanzen über unterirdische Quellen, sind an Bächen, Wiesen, Auen, Bäumen und Büschen zu finden und halten sich in Hügeln und Bergen auf. Obwohl sie göttlich sind und die ewige Jugend innehaben, sind sie sterbliche Wesen. Die Nymphen zeigen zwar ihre verführerischen Reize, stillen aber nicht das geweckte Verlangen.

Meernymphe

In der griechischen Mythologie werden Meernymphen als wunderschöne und anmutige Göttinnen beschrieben. Sie sind die Nymphen des Meeres, des Sandes, des Strandes, der Korallen, der Strömungen und der Brandung. Sie wachen über diese und über ihre Lebewesen. An Land haben sie eine sinnliche und nicht aufdringliche menschliche Gestalt. Ihre Bewegungen gleichen einem geschmeidigen Fluss. Gehen sie jedoch ins Meer, verwandeln sie sich zu Meerjungfrauen und sind halb Mensch und halb Fisch. Im Wasser bewegen sie sich wie graziöse Fische und gleiten mühelos durch jegliche Strömungen. Meernymphen können aber auch auf dem Rücken eines Hippokamps (siehe Seite 35), auf dem Meeresungeheuer Keto oder auf Delfinen reiten.

Nixe

Nixen sind Wassergeister und werden als schöne, junge Frauen mit blasser oder grünlicher Haut beschrieben. Sie haben meist grün schimmerndes Haar. Früher hatten sie zunächst eine menschliche Erscheinung, und ihr Erkennungsmerkmal soll ihr nasser und tropfender Rocksaum gewesen sein. Erst später wandelte sich ihr Äußeres von einer barfüßigen Frau hin zu einem Wesen, das einen menschlichen Oberkörper und einen mit Schuppen bedeckten Fischschwanz hat.

Pali

Sie ist die Meerjungfrau des pazifischen Raums. Sie liebt und ehrt alles, womit sie in Berührung kommt. Ihre tief berührende und inspirierende Geschichte bietet einen wunderbaren Einstieg in die Welt der Meerjungfrauen.

 *Die Geschichte von Pali*

Pali wurde heimlich aus rotem Lehm, Sand und dem Salz vom Grund der Ozeane geformt und mit den Kräften der Göttinnen Namakaokahai, Hiiaka, Pele und mit der Hilfe von Gott Kanaloa zu einer lebendigen Meerjungfrau erweckt. Sie wurde geboren, um die Königin der Ozeane zu werden und um irgendwann vielleicht auch an Land zu regieren. Pali liebte und ehrte alles, was sie sah, und alles, was mit ihr in Berührung stand. Sie war wunderschön. Pali, die so gerne an Land wandeln und mit einem Menschen über das Land, das Meer, die Tiere und die Natur reden wollte, versuchte, die Aufmerksamkeit der Fischer zu erregen. Jedoch ohne Erfolg, denn sie konnte nicht in ihrer Sprache mit ihnen reden. Sie schwamm zu Hiiaka, Namakaoka-hai, Pele und Kanaloa und berichtete ihnen, dass sie darüber sehr traurig sei. Kanaloa tat es leid, Pali so traurig zu sehen, und aus diesem Grund fragte er Gott Lono um Hilfe. Er bat ihn, eine Blume wachsen zu lassen, die Palis Traurigkeit mindern könnte. In der ersten Nacht des Neumondes kam Lono zu Pali

und zeigte ihr eine geheime Grotte, in der sich das Geschenk befand, um das Kanaloa ihn gebeten hatte. Es waren magische Blumen, die nur in dieser Grotte wuchsen. Diese Grotte hieß Waiahuakua und lag direkt hinter dem Wasserfall des Kraters von Waialeale. Die goldenen, heiligen Blumen blühten nur in jener Nacht und nur an jenem Ort. Sie verwandelten Palis Meerjungfrauenschwanz in Beine, sodass sie endlich an Land wandeln, sprechen und die Erde erfahren konnte, die sie so sehr liebte – aber nur für diese eine Nacht. Doch Gott Kane war so berührt von der Liebe Palis zur Erde, dass er beschloss, ihr den Zugang zu der Grotte in jeder Neumondnacht zu gewähren, damit sie wie ein Mensch über die Erde wandeln konnte. In der Dämmerung der Neumondnacht führte ein Schmetterling Pali erneut in die Grotte zu den goldenen, magischen Blumen. Das Wasser in der Grotte war kühl und klar, es war das Quellwasser der Berge und das Wasser des Meeres. Pali schwamm zu den Blumen und pflückte diese mit Respekt für die Natur und in Dankbarkeit für dieses Geschenk. Sie knüpfte aus ihnen eine Blütenlei. In dem Moment, als sie sie umlegte, verwandelte sie sich und bekam menschliche Beine und die Fähigkeit, mit den Menschen zu sprechen. Von da an konnte sie sich in den Neumondnächten auf der Erde bewegen – und diese noch mehr verstehen und lieben lernen.

Meermänner und Wassermänner

Es gibt auch Meermänner und Wassermänner. Poseidon beziehungsweise Neptun wurde als Meermann dargestellt – mit menschlichem Oberkörper und einem Fischschwanz als Unterkörper. Auch Männer können ein Meerjungfrauenwesen in sich haben und dürfen sich als ein Wasserwesen fühlen.

Ningyo

Eine japanische Legende spricht von der Ningyo (dt. »menschlicher Fisch«). Ningyos sind fischähnliche Geschöpfe, die sehr abenteuerlich beschrieben werden: Ihr Mund ist der eines Affen, sie haben die Zähne eines Fischs, ihr Schwanz ist mit goldenen Schuppen besetzt und ihre Stimme ist so ruhig, dass sie einer Flöte gleicht. Wer von ihrem Fleisch isst, erlangt Unsterblichkeit. Allerdings kann das Fangen, Töten und Besitzen einer Ningyo zu einem großen Unglück führen.

Selkie

Die Selkies, auch »Selchies«, sind Wesen aus der schottischen Mythologie. Auf den Orkney-Inseln und in Nordschottland erzählt man sich Geschichten von ihnen, in denen sie als Robben an Land kommen, ihr Fell ablegen und sich in Menschen verwandeln. Sie verstecken das Fell, wandeln als unbeschreiblich schöne Frauen umher und erleben die Menschenwelt.

Anguana

In der ladinischen Sagenwelt werden nixenähnliche Wesen namens Anguana beschrieben, die in Quellen, Bächen und Höhlen gefunden werden können. Sie sind Gestaltwandler, da sie zum einen wie eine junge, schöne Frau aussehen, zum anderen aber auch wie eine alte und hässliche Frau mit Ziegenfüßen erscheinen können.

Meerpferd

Das Meerpferd, Hippokamp, ist ein Meeressäuger. Die griechische Mythologie überliefert, dass es vorne die Gestalt eines Pferdes und hinten die eines Fisches hat. Das Meerpferd wurde von vielen Meeresgöttern und Meerjungfrauen als Reit- oder Zugtier für einen Streitwagen benutzt. Das Vorderteil kann manchmal Flügel besitzen und der Kopf mit einem Horn versehen sein, an den vorderen Hufen können sich Schwimmhäute befinden. Der hintere Fischteil kann eine Rückenflosse aufweisen, einen vertikalen Schwanz wie bei einem Delfin oder einen eingerollten wie bei einer Schlange haben. Neben dem Delfin ist das Meerpferd ein Begleiter der Töchter des Poseidon. Es ist keine Meerjungfrau, aber ihr enger Gefährte. Es dient den Meerjungfrauen als Reittier auf dem Weg in andere Dimensionen. Auf schamanischen Reisen haben wir das Meerpferd als Lichtwesen wahrgenommen.

Undine

Die Undine wird als ein halbgöttlicher Elementargeist beschrieben. Sie verkörpert das Element Wasser. Zu finden ist sie in Waldseen und Wasserfällen. Undinen werden besungen als dienende Begleiterinnen der Götter. Der Sage nach erhalten Undinen eine menschliche Seele, wenn sie sich mit einem Menschen vermählen.

Sternenwesen

Eine der ältesten und unverfälschtesten Legenden über Meerjungfrauen stammt von einer Volksgruppe in Westafrika, den Dogon. Die Legende, die nur von wenigen Auserwählten gewusst und weitergeben wird, ist sehr vielschichtig und kompliziert, sodass sie sich nur schwer in kurzer Form wiedergeben lässt. Doch soll die folgende Zusammenfassung zeigen, dass die Meerjungfrauen – sofern man der Geschichte glauben schenken mag – von den Sternen kommen.

Es wird erzählt, dass die Menschen von den Nommos besucht wurden. Diese Wesen kamen vom Stern Sirius B und gelangten in der Gestalt eines Mischwesens zur Erde. Die Nommos werden als Hermaphroditen beschrieben und ihre Oberkörper hatten eine Menschengestalt und ihre Beine die Form eines Fischschwanzes. Als die Nommos auf die Erde kamen, brachten sie der antiken Welt das astronomische Wissen. Das Wort Nommo ist ein Wort der Dogon und heißt übersetzt »Meister des Wassers« und »Lehrer«. Die Legende besagt, dass die Nommos die ersten Lebewesen waren, die vom Himmelsgott erschaffen wurden. Als sie vom Himmel auf die Erde kamen, erfolgte dies in einem Gefährt, das Feuer spuckte und so laut wie der Donner war. Nach ihrer Ankunft erschufen die Nommos ein Reservoir aus Wasser, denn ohne Wasser hätten sie nicht überleben können. Laut Legende teilten sie all das Wissen, das sie in sich trugen, mit den Menschen, die schon auf der Erde weilten. Damit erschufen sie Menschen, die das Wissen des Universums besaßen. Da sie aber auch Wesen des Wassers waren, zeigten sie ihnen auch, wie man fischte.

O KE ALOHA KA `IU

Die Liebe ist das Paradies.

Praktischer Teil: Erwecke die Quelle deines Herzens

Lasse dich auf eine Reise mitnehmen. Auf eine Reise durch das Portal in die bezaubernde Welt der Meerjungfrauen, in das Reich dieser magischen Wesen. Begib dich auf eine Reise zu der Meerjungfrau in dir und deinem Meerjungfrauenwesen.

URWEIBLICHKEIT, SCHÖNHEIT, WEISHEIT: ERWECKE DEINE INNERE MEERJUNGFRAU

Es gibt natürlich viele Möglichkeiten, einer Meerjungfrau zu begegnen. Sie kann dich auf deinen Meditationen und schamanischen Reisen begleiten oder dich in deinen Träumen treffen. Dies ist etwas ganz Wunderbares. Eine ganz andere wunderschöne Qualität hat aber die Erfahrung, selbst als Meerjungfrau zu wirken, selbst als Meerjungfrau diese Welten zu erleben und zu erfahren. Sich selbst Schuppen wachsen zu lassen und zu spüren, wie die Meerjungfrau und ihr Wesen in einem erwacht. Dies ist ein ganz eigener magischer Moment, der einen auf einer Welle der Liebe treiben und sich selbst mit neuen Augen wahrnehmen lässt.

Deine innere Meerjungfrau kannst du durch das Grokken* erwecken. Du trittst bewusst in ein Muster oder mit einer Signatur in Kontakt, um davon zu lernen, zu wirken und es zu erleben. Grokken ist unsere Fähigkeit, bewusst etwas nachzuahmen, uns in etwas einzufühlen und mit verschiedenen Energien eins zu sein. In uns wird etwas angeschubst, das mit uns in Resonanz geht, wie ein Muster, eine Essenz, ein Abbild. Man kann diese Abbilder oder Muster mit Büchern, Texten, Worten und Buchstaben vergleichen: Wir alle kennen das Gefühl, wenn wir durch ein Buch besonders berührt werden. Nur muss es nicht immer das ganze Buch sein, das mit uns in Resonanz geht, sondern es reicht oft schon der kleinste Teil dieses Musters aus. Es kann nur eine Zeile sein, die mit uns in Resonanz geht, in der man sich wiedererkennt – und das ist das Grokken. Es ist wie die Inhaltsangabe

---

* Siehe dazu: Jeanne Ruland und Anne-Mareike Schultz: Grokken – Durch kreatives Visualisieren die Welt verändern. Schirner 2013.

einer Essenz oder eines Musters, und es reicht ein kleiner Teil dieser Inhaltsstoffe aus, die beim Grokken in Resonanz gehen und in uns erkannt werden. Dieses Erkennen lässt unsere Essenzen oder Muster mit ihnen kommunizieren und verschmelzen. Energie kann gelenkt werden, und in unser Bewusstsein können Fähigkeiten, Erinnerungen und Eigenschaften treten. Die Welt ist so, wie du denkst, dass sie ist. Mit der folgenden Übung möchten wir dir eine Möglichkeit zeigen, wie du deine innere Meerjungfrau in dir erwecken kannst.

Schließe deine Augen. Atme tief durch.

Stelle dir eine Meerjungfrau vor, die direkt vor dir sitzt. Eine Meerjungfrau, so wie du sie dir als Kind gedacht, in deinen Träumen erblickt oder in einem Film gesehen hast. Sie kann aus einer Mythologie stammen oder einen ganz aktuellen Bezug haben. Sie trägt das Wissen vieler Zeiten, Ebenen und Dimensionen in sich.

Betrachte sie aufmerksam: Wie sieht sie aus? Welche Farbe hat ihr Schwanz? Wie ist ihre Haut? Wie sind ihre Haare? Trägt sie einen Kopfschmuck? Was hat sie für einen Gesichtsausdruck? Welche Augenfarbe hat sie? Versuche, jedes Detail an der Meerjungfrau zu erkennen.

Sieh nun, wie die Meerjungfrau ihre Hand ausstreckt und deine Stirn berührt. Spüre diese Berührung! Die Meerjungfrau berührt dich an deiner Stirn, um Liebe als reine Energie zu übertragen, damit deine schlummernde innere Meerjungfrau erwacht. Die Energie fließt in deiner Geschwindigkeit, und du kannst selbst steuern, wie viel Energie du bekommst. Spüre, wie dir mit dieser Geste Liebe übertragen wird und wie diese in dich hineinfließt.

Spüre nun, wie deine innere Meerjungfrau erwacht. Wie sie sich streckt und reckt und in jeder deiner Zellen auf ihre wahre Größe wächst. Spüre, wie du dadurch selbst noch mehr in deine wahre Größe kommst.

Die Meerjungfrau lädt dich ein, dich neben sie zu setzen. Sie legt einen Arm um dich. Du spürst sie an deiner Seite. Du spürst ihren Körper, wie sich die Schuppen auf ihrem Schwanz anfühlen und wie samtig ihre Haut ist.

Sie nimmt deine Hand. Sie bietet dir nun an, mit ihr zu verschmelzen, um zu erfahren, wie es ist, eine Meerjungfrau zu sein. Wenn du dies möchtest, lasse dich auf die folgenden Punkte ein. Wenn nicht, bedanke dich bei der Meerjungfrau. Bedanke dich für die Energie, die sie dir gegeben hat. Verabschiede dich von ihr, und komme langsam wieder im Hier und Jetzt an.

Wenn du diese Erfahrung machen möchtest, verschmilzt die Meerjungfrau nun mit dir. Sie füllt dich aus, so, wie du sie ausfüllst. Sie befindet sich in dir, so, wie du dich in ihr befindest.

Spüre dich in dem Körper einer Meerjungfrau. Erlebe, wie es ist, eine Meerjungfrau zu sein. Wie es ist, einen Fischschwanz zu haben und in den Ozeanen zu schwimmen. Wie es ist, ihr unendliches Wissen zu besitzen und die Welt durch ihre Augen zu sehen.

Anschließend *spüre* nicht nur, wie es ist, eine Meerjungfrau zu sein, sondern *sei* diese Meerjungfrau. Du hast ihre Begabungen, ihr Wissen und ihre Magie, ihre Kräfte und Erfahrungen. Nimm all dies in jeder deiner Zellen wahr.

Du bist jetzt diese Meerjungfrau. Mache dir dies bewusst. Fühle es mit deinem ganzen Körper. Fühle es so intensiv wie möglich. Du bist jetzt diese vollkommene Meerjungfrau.

Nimm wahr, wie sich all ihre Fähigkeiten und Eigenschaften in dir verströmen, wie sie zu deinen Fähigkeiten und Eigenschaften werden.

Wenn du nun all das voll und ganz erfahren hast, dann erinnere dich bewusst an deinen menschlichen Körper. Spüre genau, wo du dich gerade befindest und wie es ist, du selbst zu sein. Spüre, wie die Meerjungfrau sich aus dir hinausbewegt, wie du sie mit dem nächsten Atemzug aus dir hinausatmest. Atme dich wieder ganz zurück in deine Mitte.

Bedanke dich bei der Meerjungfrau und bei dir selbst. Verabschiede dich von der Meerjungfrau. Sage anschließend deiner eigenen, inneren Meerjungfrau, dass sie all diese Fähigkeiten, Eigenschaften und Qualitäten, die sie soeben erfahren hat, behalten kann und soll.

Komme wieder im Hier und Jetzt an. Öffne die Augen.

GEBORGENHEIT: BESUCHE DIE GROTTE DEINER MEERJUNGFRAU

Begleite uns zu deiner Grotte, an der du deine Meerjungfrau treffen wirst. Eine Grotte ist eine natürliche
Felsenhöhle mit Zugang zum Meer. Sie kann durch einen
Wasserfall verdeckt sein, ein Wasserfall kann in ihr fließen, oder sie kann eine Felsquelle besitzen – in jedem Fall
ist die Grotte mit dem Element Wasser verbunden. Es fällt
ein Dämmerlicht herein, das vom Wasser reflektiert wird
und die Grotte magisch wirken lässt. Ihre Wände können
glatt oder rau oder von Muscheln bedeckt sein. Die Luft
ist angenehm feucht, frisch und erholsam.
Grotten haben kleine Nischen und Gänge, die von dem
Hauptraum abgehen, und es gibt Stellen, in denen man
sich spiegeln kann. Sie sind der Geburts- oder Aufenthalts-
ort von Meerjungfrauen, Wassergöttern und -göttinnen.
Deine Meerjungfrauen-Grotte kann deine Wohlfühloase
sein, dein Rückzugsort und dein Tor in die Anderswelt.
Hier darfst du dich entspannen, loslassen und dich geborgen fühlen. Du kannst spüren, wie es ist, wenn sich die
Welt für einen Moment ohne dich dreht. Die Grotte ist
aber auch dein Startplatz, um als Meerjungfrau die Welt
zu erleben. Sie ist wie ein geheimer Treffpunkt, zu dem
nur *du* das Losungswort besitzt.

Mache es dir bequem, schließe die Augen, und atme ganz bewusst ein und aus. Mit jedem einzelnen Atemzug wirst du nun ruhiger. Gleite in deinen inneren geistigen Ort. Es ist der innere Raum deines Herzens. Gehe tief in diesen hinein.

Auf dem Weg zu diesem Ort öffne all deine Sinne. Werde dir all deiner Wahrnehmungen bewusst. Welchen Geruch nimmst du wahr? Welcher Geschmack kommt dir in den Sinn? Was hörst du? Was siehst du? Welche Gefühle steigen in dir auf? Wie ist die Temperatur? Die Energie? Das Energiemuster? Wie ist die Luft? Fühle die Oberfläche und den Boden. Empfange alles über deine Sinne. Je intensiver du alles wahrnimmst, desto stärker bist du mit deiner Seele und deiner inneren Welt, die sich bei jedem vollkommen anders zeigen kann, verbunden. Öffne all deine Wahrnehmungskanäle. Auch die, die dir weniger bewusst sind. Manche Sinne sind stärker, manche weniger stark ausgeprägt.

Vor dir öffnet sich ein Weg. Ein Schmetterling tanzt vor dir und zeigt dir die Richtung zu deiner geheimen Grotte. Folge dem Schmetterling. Er führt dich vielleicht über Land, entlang grüner Täler oder entlang einer dunklen Lava-Landschaft mit rotem Lehmboden. Du kommst an einem Wasserfall vorbei, der hoch oben aus den Bergen in Richtung Meer fließt. Dein Weg führt dich hinter den Wasserfall. Der Schmetterling flattert weiterhin vor dir her und weist dir den Weg zu deiner Grotte.

Schaue dich in deiner Grotte um. Sie hat vielleicht ein Oberlicht, durch das die Sonne fällt und das Wasser türkisblau schimmern lässt. Die Grotte hat einen weiteren Ausgang Richtung Meer, und du hörst, wie die Wellen an den Eingang schlagen. Die Wände schimmern in Perlmuttfarben, und es fühlt sich alles vertraut und geborgen an.

Es gibt mehrere Vorsprünge, auf denen man sich ans Wasser setzen und ins kühle blaue Tief hinunter bis zum Grund schauen kann. Von hier aus kann man auch hinaus auf das Meer blicken.

In der Grotte wachsen die magischen, goldenen Blüten Palis. Ihre Magie liegt darin, dass sie dich in eine Meerjungfrau verwandeln können.

Pali, die wunderschöne, sinnliche und liebevolle Meerjungfrau, wartet schon auf dich. Sie sitzt auf einem Vorsprung, und ihr begrüßt einander. Sie fordert dich auf, die Blumen zu pflücken und einen Blumenkranz daraus zu flechten.

Tritt zu den Blumen, und nimm wahr, wie wunderbar sie duften. Pflücke sie mit Bedacht. Spüre, wie wunderbar weich ihre Blütenblätter sind. Erkenne, wie die Blüten die Liebe der Natur zu allem symbolisieren. Diese Blumen blühen nur für dich. Es fällt dir vollkommen leicht, einen Blütenlei zu knüpfen.

Betrachte deinen fertigen Blütenlei, und spüre, wie du durch seinen Anblick und seinen Duft in jeder deiner Zellen dazu angeregt wirst, dich in eine Meerjungfrau zu verwandeln.

Wenn du bereit bist, lege dir den Blütenlei um. Du spürst, wie dich ein entrückender und berührender Zauber umgibt. Du setzt dich neben Pali. Allmählich beginnen sich deine Beine in einen wunderschönen Meerjungfrauenschwanz zu verwandeln.

Lasse diese Verwandlung auf dich wirken. Streiche mit deinen Händen über deinen wunderschön glitzernden Schwanz. Spüre, wie es ist, Schuppen zu haben und eine Meerjungfrau zu sein.

Welche Farbe hat dein Schwanz? Wie sehen die Schuppen aus? Wie sind sie angeordnet? Wie fühlt es sich an, wenn du mit der Flosse wackelst? Spürst du die Kraft in deinem Fischschwanz? Lasse ihn ins Wasser baumeln, und nimm wahr, wie es ist, durch ihn mit unserem Ursprungselement verbunden zu sein.

Wenn du so weit bist, lasse dich langsam ins Wasser gleiten. Versuche, mit Palis Hilfe zu schwimmen und zu tauchen. Du wirst merken, dass es dir in deiner Vorstellung ganz leicht fällt, unter Wasser normal weiterzuatmen. Und auch das Schwimmen und Tauchen bereiten dir keine Schwierigkeiten. Du merkst, dass dir das Element Wasser vollkommen vertraut vorkommt – so, als wärst du schon immer eine Meerjungfrau gewesen.

Tauche immer mal wieder ab und wieder auf. Wenn du dich bereit fühlst, schwimme gemeinsam mit Pali hinaus auf das Meer. Draußen merkst du, dass weitere Meerjungfrauen auf dich warten. Sie nehmen dich in ihre Gruppe auf, sodass du vollkommen sicher und geborgen den Ozean genießen kannst.

Wage neue Bewegungen und Sprünge! Öffne all deine Wahrnehmungskanäle, und nimm mit allen Sinnen wahr, wie es ist, sich als Meerjungfrau durch das Wasser zu bewegen. Das Schwimmen fällt dir unglaublich leicht und strengt dich nicht an. Genieße dies eine Weile, bis es wieder an der Zeit ist, zurück in deine Grotte zu schwimmen.

In der Grotte angekommen, setze dich auf einen Stein, und lege den Lei ab. Dabei umgibt dich erneut der entrückende und berührende Zauber, und du nimmst wieder deine menschliche Gestalt an. Verabschiede dich von den Meerjungfrauen. Warte einen Moment, bis du dich wieder ganz bei dir fühlst.

Atme dich von innen nach außen wieder ganz zurück zu dir, und komme im Hier und Jetzt an.

Wackle mit deinen Füßen, und spüre deine Beine. Berühre deine Beine, und mache dir bewusst, dass du keinen Meerjungfrauenschwanz mehr hast.

Strecke dich, und werde dir deines menschlichen Körpers bewusst. Öffne deine Augen.

Du kannst jederzeit in die Grotte zurückkehren. Es ist deine Grotte und dein Platz. Du musst nicht immer Pali oder eine andere Meerjungfrau rufen, um dorthin zu gelangen. Und sie werden dort nicht immer auf dich warten. Du kannst dich in deiner Grotte auch allein bewegen. Du bist dort vollkommen frei. Wenn du allerdings Unterstützung brauchst, rufe die Meerjungfrauen. Sie kommen zu dir und werden dir zur Seite stehen.

HE NAI`A, HE I`A LELE.

Bleibe wie der Delfin in Bewegung, um Ergebnisse zu erhalten.

SINNLICHKEIT:
ERWECKE DEINEN INNEREN TEMPEL

Der Tempel einer Meerjungfrau am Grunde des Meeres ist einer ihrer Aufenthalts- und Rückzugsorte. Er ist mit dem Kosmos verbunden, ein Ort der Zentrierung und Manifestation. Er kann aus vielen Materialien bestehen, jedoch gibt es eine Sage, nach der er aus weißen und roten Korallen geformt sein soll. In vielen Kulturen gab und gibt es Tempel, die einen Raum bieten, um rituell zu handeln und in Kontakt mit den Göttern und sich selbst zu treten. Bei unserem Tempel handelt es sich aber nicht um einen Ort, an dem wir die Meerjungfrau ehren, sondern er ist ein Bild für unseren Körper. Unser Körper ist unser Tempel, er ist der Tempel unserer Seele. In vielen Kulturen wurde und wird der Mensch einschließlich seines Körpers daher als göttlich gepriesen. Massagen, Badezeremonien, Ölungen und Segnungen gehören zu dieser Anschauung dazu, denn dadurch werden der Körper, die Seele und der Geist als Tempel und Einheit gefeiert. All dies geschieht immer mit Bedacht, da das Göttliche im Menschen berührt und mit jeder Berührung geehrt wird. Bei der Lomi Lomi (der traditionellen hawaiianischen Massage) geht man zum Beispiel von der Vorstellung aus, dass durch die Berührung der Haut, die Entspannung der Muskulatur und die damit verbundene Wirkung auf die Knochen die Seele berührt wird. Durch Massagen kommen wir wieder in Einklang mit uns selbst und dem Universum. Lasse dich in Gedanken auf eine Reise mitnehmen, um deinen inneren Tempel wiederzuerwecken.

Mache es dir bequem. Schließe die Augen, atme ganz bewusst ein und aus. Spüre genau nach, wo du dich in deinem Körper befindest. Komme vollkommen zur Ruhe, und versuche, den Alltag außen vor zu lassen.

Mit jedem Atemzug wirst du ruhiger. Gleite in den inneren Raum deines Herzens. Gehe immer tiefer an deinen inneren geistigen Ort, und tritt in deine Grotte ein.

In deiner Grotte ist es warm, die Sonne fällt durch ein Oberlicht und lässt das Wasser glitzern. Es wartet eine wunderschöne und sinnliche Meerjungfrau auf dich. Sie sitzt neben einem Wasserbecken aus Perlmutt.

Du begrüßt die Meerjungfrau. Sie ist dir vollkommen vertraut, und du fühlst dich geborgen und sicher in ihrer Nähe. Sie strahlt gleichzeitig mütterliche Weisheit, aber auch jugendliche Unschuld aus. Du spürst, dass du ihr vertrauen kannst.

Du setzt dich neben die Meerjungfrau. Sie träufelt dir ein paar Tropfen von dem warmen Wasser aus dem

Becken in die Hand. Das Wasser hat eine angenehme Temperatur. Fühle, wie weich es sich anfühlt. Du spürst, dass es mit Ölen versetzt ist und pflegend wirkt. Rieche einmal daran, es steigen dir wunderbare Düfte in die Nase. Das Wasser duftet. Welcher Geruch kommt dir in den Sinn? Lausche, wie das Wasser in der Grotte sich bewegt und die Vögel draußen zwitschern. Sieh, wie wunderschön das Perlmuttbecken funkelt. Vielleicht schwimmen Blüten auf der Wasseroberfläche?

Die Meerjungfrau an deiner Seite möchte dich nun baden, um deinen Tempel in dir zu erwecken. Wenn du bereit bist, gib ihr ein Zeichen, und lege deine Kleidung ab.

Reiche der Meerjungfrau deine Hände. Sie hilft dir, in das wohlig warme und zauberhaft duftende Wasser zu gleiten. Lege dich auf deinen Rücken, und lasse dich auf der Wasseroberfläche treiben. Die Meerjungfrau hält dich. Du schwebst auf dem Rücken durch das warme Wasser, du genießt die Berührung des Wassers und die Berührung mit deinem Selbst.

Du setzt dich auf. Die Meerjungfrau hält dir mit einer Hand eine Muschel entgegen, in der sich ein wohlriechendes, geschmeidiges und warmes Öl befindet.

Sie träufelt dir das Öl auf den Mittelscheitel und massiert es ganz vorsichtig und sanft in deine Kopfhaut ein. Du spürst ihre Berührung und erlebst, wie alle deine Zellen stimuliert werden.

Die Meerjungfrau taucht nun ihre Fingerspitzen in das Öl und berührt deine Stirn. Ganz vorsichtig und ohne Druck macht sie kreisende Bewegungen auf der Höhe deines dritten Auges. Sie streichelt dein ganzes Gesicht mit dem Öl. Du erlebst, wie deine Zellen Freude und Zärtlichkeit verspüren.

Anschließend streicht die Meerjungfrau deinen Hals entlang. Du nimmst wahr, wie dein Halschakra beginnt, zu vibrieren und aufzuleben.

Die Meerjungfrau salbt nun deine Arme und Hände ein. Spüre, wie es ist, von ihr an den Händen gehalten zu werden, und wie vertraut und sinnlich so eine kleine Berührung sein kann. Du erlebst, wie deine Handchakren anfangen zu leuchten.

Nun gießt die Meerjungfrau das warme Öl über deine Schultern und massiert es in großen kreisenden Bewegungen ein – über deine Brust und über deine Rippen. Sie streichelt ganz vorsichtig deinen Bauch und macht leichte spiralförmige Bewegungen im Uhrzeigersinn, ausgehend von deinem Bauchnabel. Spüre, wie sich alles in dir lockert, wie sich dein Bauchraum entspannt und wie du alles loslässt. Sinnlichkeit und Weiblichkeit halten Einzug in deinen Tempel.

Die Meerjungfrau ölt deinen ganzen Rücken ein. Sie fährt dir mit ihren Händen die Wirbelsäule hinunter. Du spürst, wie dir alles von deinen Schultern fällt und wie du frei in sämtliche Richtungen atmen kannst. Du merkst, wie alte Verletzungen und Scham sich lösen und dein innerer Tempel mit Licht durchflutet wird. Jede dunkle Ecke wird berührt. Alles erstrahlt, indem du gesalbt wirst.

Nun streicht sie deine Beine hinunter und massiert deine Waden. Du wirst deiner Beine vollkommen gewahr und spürst, dass du durch ihre Salbung einen festen Stand bekommst.

Sie streicht das Öl über deine Füße. Vielleicht kitzelt dies ein wenig? Du erlebst, wie die Freude in deinem Tempel erblüht und erwacht. Durch ihre Salbung weiht sie deine Schritte. Sie weiht jeden Schritt, den du getan hast, den du tust und den du tun wirst.

Erlebe und spüre, wie es ist, durch die Hände einer Meerjungfrau gesalbt und geölt zu werden, durch eine

Meerjungfrau, die zugleich Weisheit, sinnliche Frau und unschuldiges Kind repräsentiert. All dies liegt auch in dir. All dies wird nun über deine Haut in kleinen Funken in dir angestoßen und wiedererweckt. Dein Tempel leuchtet, strahlt und ist hell.

Dein Körper ist nun vollkommen von einer Ölschicht eingehüllt. Und so, wie das Öl in deine Haut einzieht, so kann auch die Sinnlichkeit, Zärtlichkeit, Weiblichkeit und Wahrnehmbarkeit in dir, in deinen Tempel, einziehen.

Du legst dich im Wasser wieder auf den Rücken. Die Meerjungfrau wird dich stützen. Du genießt, wie du im Wasser treibst und das Wasser deinen Körper umkost. Entspanne dich einige Augenblicke. Nach einer Weile spürst du, wie es Zeit wird, aus dem Wasser zu steigen.

Es liegt ein neues Seelenkleid neben dem Becken. Ein Seelenkleid, das genau zu deiner Schwingung passt. Betrachte es genau: Wie sieht es aus? Welche Farbe hat es? Wie riecht es? Aus welchem Material ist es? Ziehe dein neues Seelenkleid über, und schaue dich im Wasser an. Sieh, wie du strahlst, wie dein Tempel leuchtet und wie wunderbar leicht, geborgen und angenommen du dich fühlst.

Bedanke dich nun bei der Meerjungfrau für alles, was sie für dich getan hat, und bedanke dich bei dir selbst, dass du deinen Tempel wieder zum Leuchten gebracht hast.

Es ist nun an der Zeit, dich von der Meerjungfrau zu verabschieden. Du kannst jederzeit zu ihr zurückkehren. Aber nun ist der Moment gekommen, ins Hier und Jetzt zurückzukehren. Du atmest dich von innen nach außen und nimmst dich zurück in der Wirklichkeit wieder ganz wahr.

Diese Meditation ist eine so entspannende und schöne Reise. Wiederhole diese ruhig öfter. Du besinnst dich mit ihr auf deinen Körper, auf dich selbst, und kannst mit ihr all deine Sorgen und Probleme vergessen. Es gibt natürlich auch die Möglichkeit, dich mit einer tatsächlichen Massage verwöhnen zu lassen oder dich selbst zu massieren. Die Selbstmassage ist eine wunderschöne Preisung deines eigenen Körpers und Tempels. Du salbst deinen Körper, streichelst deine Seele und kannst alle Gedanken und Sorgen einfach davonfliegen lassen. In diesem Moment geht es nur um dich. Du führst die Selbstmassage fast genauso durch wie in der Meditation beschrieben. Erfreue dich, schwebe in einem Meer aus duftenden Ölen, und genieße deine eigene tiefe Berührung.

Eine der bekanntesten Geschichten und eines der moderneren Märchen über eine Meerjungfrau ist »Die kleine Meerjungfrau« des dänischen Schriftstellers Hans Christian Andersen von 1837. Die kleine Meerjungfrau, die eine im Meer versunkene Marmorstatue eines jungen Mannes besaß und von ihrer Großmutter und ihren Schwestern von der Menschenwelt erzählt bekam, war die jüngste, liebenswürdigste und schönste der sechs Töchter des Meerkönigs. Sie sehnte sich nach der Sonne und der Menschenwelt und konnte es kaum erwarten, endlich aufzutauchen, bei Nacht an den Strand zu schwimmen und die Menschenwelt sehen zu dürfen. An ihrem fünfzehnten Geburtstag war es so weit, und sie durfte an die Wasseroberfläche steigen. Sie erblickte einen Prinzen an Bord eines Schiffes und verliebte sich in diesen. Sein Schiff geriet in einen Sturm, und sie rettete den Prinzen vor dem Ertrinken, indem sie ihn an den Strand brachte. Doch in dem Moment, als der Prinz erwachte, fand ihn die Prinzessin des Nachbarkönigreiches, und er hielt diese für seine Retterin. Er verliebte sich in sie. Die kleine Meerjungfrau zog sich zurück, doch wurde ihre Sehnsucht nach dem Prinzen und ihre Neugier auf das Leben an Land immer größer. Allerdings war es nicht nur die Sehnsucht, auf der Erde zu wandeln, die sie quälte, sondern auch der Wunsch, eine Seele zu besitzen – denn Meermenschen besitzen keine Seele und steigen nach dem Tod einfach in die Luft auf. Eine Seele erlangt ein Meermensch nur, wenn er von einem Menschen geliebt

wird. Die kleine Meerjungfrau beschloss, sich an die gefürchtete Meerhexe zu wenden. Sie bat diese um einen Trunk, der ihren Fischschwanz in Beine verwandeln sollte, damit sie auf der Erde wandeln, Liebe erfahren und eine Seele besitzen konnte. Die Meerhexe forderte als Pfand für den Trunk die Stimme der kleinen Meerjungfrau. Dieser Zauber konnte jedoch nicht wieder rückgängig gemacht werden, die Meerjungfrau würde nie wieder ihre Familie sehen und nie wieder als Meermensch schwimmen können. Die Meerhexe warnte die kleine Meerjungfrau, dass sie, wenn sich der Prinz nicht in sie verlieben sollte, keine unsterbliche Seele bekommen und sich zu Meerschaum verwandeln würde. Trotz all der Warnungen willigte die Meerjungfrau ein. An Land schaffte sie es, vom Prinzen mit ins Schloss genommen zu werden und dort mit ihm Zeit zu verbringen. Doch der Prinz wählte die Prinzessin des Nachbarkönigreichs zu seiner Braut. Der Meerjungfrau blieb nur noch ein möglicher Ausweg, ihr Leben zu retten: Vor Sonnenaufgang der Hochzeitsnacht musste sie dem Prinzen das Leben nehmen. Nur so konnte sie das ihre retten, wieder zu ihrer Familie zurückkehren und als Meerjungfrau schwimmen. Doch die kleine Meerjungfrau brachte es nicht übers Herz, den Prinzen zu töten. Als nach der Hochzeitsnacht die ersten Sonnenstrahlen das Wasser berührten, stürzte sich die kleine Meerjungfrau ins Meer und wurde zu Schaum. Aber sie starb nicht, sondern verwandelte sich in einen Luftgeist. Ihr wurde die Chance gegeben, als unsterbliche Seele gute Werke zu tun und am Glück der Menschen teilzuhaben.

 **DEINE INNERE STIMME**

Die Stimme der Meerjungfrau in dir

Meerjungfrauen haben eine wunderschöne Stimme, mit der sie die Menschen verführen können. Ihre Stimme ist ein wesentlicher Teil von ihnen. Um diesen Aspekt dreht sich auch das Märchen von der kleinen Meerjungfrau. Sie musste ihr Schönstes, ihre Stimme, geben, um als Mensch auf der Erde wandeln zu können.

Lege eine Hand ganz vorsichtig und sanft auf deinen Hals. Schließe deine Augen, und atme einige Male tief ein und aus.

Stelle dir vor, dass an der Stelle deines Kehlkopfs eine Muschel liegt. Diese Muschel öffnet und schließt sich leicht bei jedem Atemzug.

Singe oder summe etwas, und spüre, wie deine Kehle vibriert. Stelle dir vor deinem inneren Auge vor, wie auch die Muschel vibriert.

Je kräftiger du singst oder summst, desto weiter öffnet sich die Muschel. Immer mehr von dem wunderschönen, hellen, angenehmen und strahlenden Licht, das ihr innewohnt, kommt zum Vorschein.

Die Muschel öffnet sich ganz, und nun strahlt das Licht in alle Richtungen. Du erlebst, wie es sich ausbreitet und deinen Kehlkopf wieder klar, frei und weit macht. Du spürst, dass du viel besser tönen kannst.

Nimm deine innere Stimme wahr, und lausche dieser. Du merkst, wie sich dein ganzer Körper mit dem Licht aus der Muschel, mit dem Licht aus deinem Kehlkopf, füllt und wie eine Kommunikation mit all deinen Zellen stattfindet.

Genieße dieses Gefühl einen Moment, und konzentriere dich vollkommen auf deine innere Stimme.

Komme wieder ganz zurück in das Hier und Jetzt und in diesen Raum.

Tauche ab, und erlebe deine wahre Bestimmung

Die Stimme der Meerjungfrau ist von solcher Bedeutung, dass sich eine zweite Übung hierzu anbietet. Frage dich zunächst einerseits, ob dich etwas blockiert, und überlege dir andererseits, was dich unterstützt. Was sind deine Stärken? Welche Eigenschaft vermisst du an dir und möchtest du gern integrieren? In Bezug auf deine Beziehung zu dir selbst und zu anderen zeigt dir das 5. Chakra, dein Kehlkopf-Chakra, dass du lernen musst, durch Gespräche Harmonie in deine Umwelt zu bringen. Wenn du nun mithilfe der Meerjungfrauen dieses Areal aktivierst, so kannst du die entsprechenden Zellen in dir mitaktivieren. Du erkennst deine Schwächen und kannst ganz neue Stärken entwickeln.

Mache es dir bequem, schließe die Augen, und atme ganz bewusst ein und aus.

Wenn dein System, dein Körper, ruhiger geworden ist, stelle dir vor, wie du dich in eine Meerjungfrau verwandelst. Schaue mit deinen inneren Augen an dir hinunter, spüre deinen Körper und wie gut er sich in dieser Form anfühlt. Schaue um dich herum, und stelle fest, dass du mit weiteren wunderschönen Meerjungfrauen im Wasser schwimmst. All deine Begleiterinnen tragen wunderschöne, leuchtende und ganz besondere

Ketten. Das Schwimmen und Tauchen fällt dir ganz leicht. Auch in dieser Vorstellung bereitet es dir keine Probleme, unter Wasser normal weiterzuatmen.

Zusammen mit den Meerjungfrauen schwimmst du zu einem dir vertrauten, aber vollkommen neuen Platz. Dieser Platz strahlt eine enorme Kraft aus. Du siehst einen Stein, Tisch, Altar oder einen Korallenplatz.

Auf diesem Platz liegt deine ureigene Kette. Wie sieht sie aus? Ist sie lang oder kurz? Hat sie Perlen? Oder Steine? Sind in ihr Korallen verarbeitet? Welche Farben erkennst du? Wenn du die Kette betrachtest, weißt du, dass es deine ist und sie schon immer zu dir gehört hat.

Die Meerjungfrauen legen dir deine Kette um. Während du sie auf deiner Haut spürst, wirst du dir deiner ureigenen wahren Bestimmung bewusst. Du hörst deine eigene innere Stimme. Werden dir Dinge klarer, die du vorher nicht einmal aussprechen konntest? Erkennst du, wo du auf deinem Weg stecken geblieben bist? Was ist deine wahre Bestimmung? Lebst du schon deine Bestimmung?

Sobald deine innere Stimme dir antwortet, spürst du, wie deine Kette anfängt zu leuchten. Vielleicht erscheint dir auch vor deinem inneren Auge ein Bild deines neuen Weges? Verurteile dich nicht für den Weg, den du bis jetzt gegangen bist. Doch nun schenken dir die Meerjungfrauen einen neuen Zugang zu deiner Welt.

Lege deine Hände auf deinen Kehlkopf, und spüre, wie deine Zellen dort schwingen, tanzen und vibrieren. Wenn du dich danach fühlst, summe ein wenig, oder sprich laut aus, was du gesehen hast.

Wenn du dich bereit fühlst, nimm Abschied. Du weißt, dass du immer wieder an diesen Platz zurückkehren kannst. Bedanke dich bei dem Ozean und den Meerjungfrauen für deine Kette. Atme dich von innen nach außen wieder ganz zurück zu dir, und komme wieder in diesem Raum im Hier und Jetzt an.

Wackle mit den Füßen, und spüre deine Beine. Berühre deine Beine, und nimm wahr, dass du keinen Meerjungfrauenschwanz mehr hast. Strecke dich, und werde dir immer intensiver bewusst, dass du dich in einem menschlichen Körper befindest. Öffne deine Augen.

Um diese Übung noch stärker ins Hier und Jetzt zu integrieren, kannst du dir ein Bild von deiner Kette malen, sie nachbauen oder eine Kette oder ein Armband in Anlehnung an diese Reise kaufen. Diese Kette soll dich einerseits an das erinnern, was du erleben durftest, andererseits kannst du durch sie alles noch einmal neu erleben.

Lasse dein Herz jeden Tag etwas singen: Nimm dir jeden Tag ein kleines bisschen Zeit, und tue etwas, was dein Herz zum Singen bringt. Dies kann alles Mögliche sein: Du kannst dich in Ruhe in deinen Lieblingsstuhl setzen und eine Tasse Tee trinken, die Sportschuhe anziehen und eine Runde laufen, eine neue Sprache lernen oder jeden Tag einen neuen Witz lesen und erzählen. Alles, was dein Herz zum Singen bringt, ist erlaubt – und lasse deine Umwelt daran teilhaben. Teile es mit deinen Mitmenschen, und erzähle ihnen, was dein Herz zum Singen gebracht hat.

Es gibt ein Land am Grunde des Meeres, das sich Lalohana nennt. An diesem Ort leben die Meermenschen. Unter ihnen gab es eine wunderschöne Meerfrau, die in einem Tempel aus roten und weißen Korallen lebte. Dieser Tempel war ihr Ort der Kraft – er repräsentierte den Kosmos. Sie lebte nicht nur in diesem Tempel, sondern bewahrte hier auch ihren Schatz auf. Ihre Schatztruhe war ein Kürbisgefäß, in welchem nichts Geringeres als der Mond und die Sterne lagen. Der König, der über das Land regierte, hörte von dieser wunderschönen Meerfrau. Er wollte sie unbedingt sehen und heiraten. So bat er einen weisen Mann seines Volkes, ihm zu helfen. Auf Rat des weisen Mannes ließ der König lebensgroße Steinstatuen von sich anfertigen, mit Augen aus Perlmutt, schwarzen Haaren und farbenfrohen, wunderschönen Umhängen. Sie wurden auf dem Grund des Meeres an den Eingang des Korallentempels über den Strand bis hin zum Eingang des königlichen Hauses aufgestellt – sie dienten als Fährte, der die Meerfrau folgen sollte. Als die letzte der Statuen ihren Platz bekommen hatte, wurde das Muschelhorn geblasen. Angelockt durch diese Töne entdeckte die Meerfrau voller Entzücken die erste Statue. Mit jeder einzelnen Statue, die sie sah, steigerte sich ihre Neugier. Sie verließ das Meer und folgte der Fährte bis zum Haus des Königs. Doch sie erschrak über all die Geräusche um sie herum, denn unter

Wasser war es immer vollkommen still gewesen. Sie legte sich erschöpft neben die letzte Statue und schlief ein, die Sonne hatte bereits ihren Haarkranz aus Meeresblumen vertrocknen lassen. Der König fand sie und legte sich neben sie. Als die Meerfrau die Augen öffnete und sich beide ansahen, verliebten sie sich ineinander. Sie heirateten, und die Meerfrau kehrte nie wieder in ihren Tempel am Grund des Meeres zurück. Sie vermisste ihn nicht, denn ihr Körper war zu ihrem inneren Tempel geworden. Doch was ihr fehlte, war ihr Schatz, den sie dort zurückgelassen hatte. Der König ließ daraufhin das Kürbisgefäß an Land holen. Als die Meerfrau ihre Schatztruhe öffnete, flogen der Mond und die Sterne direkt in den Himmel. Die Meermenschen unter Wasser sahen dies und machten sich Sorgen um die Meerfrau. Gemeinsam ritten sie auf einer großen Welle an Land. Dort erblickten sie die Meerfrau und sahen, dass sie und der König sich liebten und dass ihr innerer Tempel leuchtete. Zufrieden ließen sie sich auf der Welle zurück ins Meer gleiten. Von diesem Moment an lebten der König und die Meerfrau glücklich an Land – umgeben von dem Wasser der Ozeane.

DEIN INNERER SCHATZ: DEINE QUELLE DER UNBEGRENZTEN MÖGLICHKEITEN

Die hawaiianische Legende von dem Land am Grunde des Meeres (siehe Seite 68–69) ist eine berührende Geschichte. Vor allem die Vorstellung, dass die Meerjungfrau einen Schatz tief unten im Meer versteckte, hatte uns Zwillingsschwestern sehr fasziniert. Wir stellten uns die Frage, was dies für ein Schatz sein konnte. Wir verabredeten uns im Traum miteinander, und als Meerjungfrauen schwammen wir durch die Meere und suchten nach ihm. Aber wie viele Traumreisen, die wir als Kinder unternommen hatten, ist auch diese hinter einen Schleier getreten und erst vor einigen Jahren wieder hervorgekommen. Es war in einer Phase des Schocks, der Trauer und der Mutlosigkeit, in der wir oft das Gefühl hatten, dass unser eigenes Strahlen und Sprudeln viel weniger geworden war. Wir begrenzten uns selbst und entschuldigten dies mit dem Schock, den wir erlebt hatten. Dann irgendwann, in unseren Träumen, nahmen uns die Meerjungfrauen an die Hand und tauchten mit uns in die Tiefe ab. Dort entdeckten wir ein Wrack und folgten den Meerjungfrauen in dieses hinein. Wir erblickten eine Tür, doch wir schauten uns nicht wirklich um. Immer wieder sind wir in dieser Zeit zu dem Wrack geführt worden, jedoch wurde uns nicht klar, was wir dort sehen, erfahren und erleben sollten. Wir hinterfragten viel, waren aber auch sprachlos gegenüber den Erfahrungen, die wir in der Tiefe des Meeres machten. Als wir ein weiteres Mal gemeinsam auf eine Traumreise gingen, die Meerjungfrauen uns wieder an die Hand nahmen und uns zu dem Wrack führten, sahen wir uns genauer um. Wir bemerkten, dass die Tür einen Knauf hatte und dieser nur auf uns reagierte. Nun verstanden wir, was uns die Meerjungfrauen zeigen wollten: Sie wollten uns zu unserem ureigenen Schatz führen und uns die Möglichkeit geben, wieder unsere Herzquelle frei sprudeln zu lassen. Schrecken, Trauer und Vorwürfe fielen wie kleine Steine von uns ab, und mit jedem Schwimmzug, den wir in Richtung Oberfläche taten, fühlten wir uns leichter.

In jedem von uns sind Schätze verborgen – auch in dir! Entdecke deine inneren Schätze. Begib dich mit der folgenden Meditation auf eine Traumreise, tauche mit den Meerjungfrauen in die Tiefen hinab – lasse die Quelle der unbegrenzten Möglichkeiten in deinem Herzen wieder frei sprudeln!

Atme einige Male tief durch, und schließe deine Augen. Spüre, wo du dich in deinem Körper befindest.

Fühle deine Körperhaltung, und lenke deine Aufmerksamkeit auf deinen Atem. Fühle, wie die Luft ein- und ausströmt und wie du dich mit jedem einzelnen Atemzug immer mehr entspannst.

Du sinkst immer tiefer in den Raum deines Herzens. Lasse alle Erwartungen los, und begegne dir selbst an diesem Ort. Du spürst, wie sich deine inneren Augen öffnen. Du schaust dich an deinem inneren Ort um und gehst in deine Grotte.

Schaue durch das Oberlicht deiner Grotte, und sieh dir den Himmel an. Du siehst, dass nicht nur die Sonne am Himmel steht, sondern auch der Mond. Es umgibt dich eine Magie, ein Zauber. Du spürst, wie die Luft um dich herum anfängt, zu funkeln und zu strahlen. Du merkst, dass es eine ganz besondere Zeit ist. Eine Zeit, in der du abtauchen, deine verborgenen Schätze wiederfinden und den Schleier, der über ihnen liegt, lüften kannst.

Du kannst deine Meerjungfrauen rufen – oder vielleicht warten sie sogar schon auf dich? Sie tauchen aus dem Wasser auf und strahlen Ruhe und Geborgenheit aus.

Es umgibt sie eine zarte, liebkosende, aber auch kraftvolle und magische Schwingung, die deine eigene Schwingung anregt.

Ihr begrüßt einander. Wenn du in ihre Augen blickst, spürst du tief in dir eine unvoreingenommene Verbindung, und ihr kommuniziert in einer Sprache, die jenseits aller Worte liegt. Die Meerjungfrauen flüstern dir ins Ohr, dass sie schon lange auf diesen Tag gewartet haben, denn sie hüten ein magisches Geschenk für dich.

Du lässt dich in das Wasser deiner Grotte gleiten und spürst, wie sich deine Beine in einen Fischschwanz verwandeln. Bewundere deinen wunderschön glänzenden und funkelnden Meerjungfrauenschwanz. Berühre deine Schuppen, und sieh, wie sie anfangen zu leuchten. Du spürst eine Sehnsucht in dir, tief in das Wasser zu tauchen und mit den Meerjungfrauen zu schwimmen.

Es ist ganz einfach, unter Wasser zu tauchen, und du kannst normal weiteratmen. Du fühlst dich geborgen und frei – und mit den Meerjungfrauen an deiner Seite fühlst du dich gesegnet und sicher. Deine Atmung ist gleichmäßig. Atme ganz bewusst weiter.

Deine Begleiterinnen nehmen dich an die Hand, und ihr schwimmt gemeinsam durch einen großen Torbogen aus der Grotte hinaus auf das Meer. Du spürst, wie sich die Temperatur verändert, wie das Wasser ein wenig kühler wird, du dich aber immer noch gut und geborgen fühlst.

Das Wasser ist kristallklar. Es glitzert, ist hell und strahlend. Es ist ganz ruhig, und du kannst bis zum Grund des Meeres schauen. Es fühlt sich alles vertraut und sicher an.

Du tauchst mit Leichtigkeit in das tiefe Blau hinab – ganz ohne Anstrengung. Unten in der Tiefe siehst du ein altes und zerfallenes Schiffswrack. Es scheinen Sonnenstrahlen durch das Wasser direkt auf dieses Wrack.

Es ist schon sehr alt und ruht schon lange hier unten, jedoch ist es nicht bedrohlich. Es wirkt vollkommen harmlos, friedlich und auf eine bestimmte Art und Weise vertraut.

Die Meerjungfrauen nehmen dich an die Hand, und ihr taucht tiefer hinab. Ihr schwimmt um das Wrack herum, und du kannst es dir von allen Seiten anschauen. Du spürst, dass du an diesem Ort sicher und behütet bist.

Du erkennst, dass die Meerjungfrauen hier ein magisches Geschenk für dich aufbewahren.

Ihr schwimmt ins Wrack hinein. Auch hier spürst du, dass du dich sicher und geborgen fühlen kannst. Es kommt dir so vor, als würdest du diesen Ort bereits kennen – so vertraut ist er dir. Es ist, als würdest du ein Echo deines Herzschlages hören und diesen Ort wiedererkennen.

Ihr kommt an eine Tür, die dir sehr bekannt vorkommt, so, als wäre es deine eigene Zimmertür. Betrachte diese Tür, und spüre, welche Gedanken und Gefühle in dir hochkommen. Diese Tür lässt sich nur durch dich öffnen, nur durch deine ureigene Schwingung. Kein Meerwesen, keine Meerjungfrau und kein anderer Mensch kann diese Tür öffnen. Nur du allein kannst es.

Drehe am Türknauf, oder drücke die Klinke hinunter, oder stoße sie einfach auf. Spüre, wie sich die Tür öffnet und sich ein Raum offenbart, in dem sich eine Schatztruhe befindet.

Du schwimmst nun zu der Schatztruhe – wenn du möchtest, begleiten dich die Meerjungfrauen. Du hast das Gefühl, als würdest du in Richtung der Truhe gezogen, so, als wäre die Truhe ein Magnet. Du gleitest hinüber zu der Truhe.

Du hebst den Deckel der Truhe an. Du stellst fest, dass der Deckel sehr schwer ist, aber sobald du den Deckel einen Spalt anhebst, fällt ein Leuchten, Funkeln und Strahlen durch den Spalt, und du findest die Kraft, den Deckel ganz zu öffnen. Nun kannst du den Schatz in seiner vollen Leuchtkraft und Schönheit betrachten.

Es liegt eine wertvolle, glitzernde, zauberhafte Kette in deiner Schatztruhe. Sie hat einen Anhänger, in dem sich eine kleine Quelle befindet. Es ist die Quelle deiner unbegrenzten Möglichkeiten.

Nimm die Kette in deine Hände. Sie ist dein Schatz! Betrachte sie. Es sind deine Fähigkeiten, Möglichkeiten, Talente, Begabungen, Berufungen und Chancen, es sind deine Leichtigkeit, Kreativität und Fantasie, die du durch aufgewühlte Gefühle, negative Fantasien, überholte Vorstellungen, Schuldgefühle oder durch übertriebene Sorgen, alte Verwundungen der Seele oder aus Scham weggegeben hattest – doch nicht bewusst und nicht willentlich. Sie haben hier immer auf dich gewartet.

Jetzt ist die Zeit gekommen, all diese Schätze zu heben und sie in die Wirklichkeit zurückzuholen. Welche

Fantasie möchtest du befreien? Welche wahren Schätze möchtest du in dir bergen und der Welt offenbaren? (Schreibe dir dazu auch gern eine Liste.)

Wenn du möchtest, lege diese Kette nun an. In dem Moment, in dem der Anhänger dein Herz berührt, verschmilzt dein Schatz wieder mit dir selbst, und dein ganzes Wesen fängt an, zu leuchten und zu strahlen. Spüre, wie kleine magisch leuchtende Wirbel dich einhüllen, wie sich in deinem Herzen deine verborgene Schatztruhe öffnet und wie dein Schatz in dir funkelt und glänzt.

Du siehst und spürst, wie sich der Schrecken, die Trauer, die Vorwürfe, die Scham, all deine Schuldgefühle und Verletzungen aus dir lösen und wie sie nun anfangen zu heilen.

In dir steigen Heilung, Kraft und Stärke auf. Die Quelle der unbegrenzten Möglichkeiten fließt spürbar in dir. Die Kommunikation mit deinem Herzen und deinen Wünschen und Träumen kann nun wieder vollkommen frei fließen. Die Quelle der unbegrenzten Möglichkeiten sprudelt in deinem Herzen, und du bist gesegnet und beschützt. Dein Schatz leuchtet und strahlt.

Während du dieses Gefühl in dir spürst und genießt, bemerkst du, wie sich das Wrack um dich herum langsam auflöst.

Habe keine Angst, deine Träume zu verwirklichen, denn dein Weg liegt nun vollkommen klar vor dir. Erinnere dich daran, was du erreichen möchtest und verwirklichen kannst. Hoffnung, Zuversicht, Fröhlichkeit, Leichtigkeit und Vertrautheit durchfluten dich. Das Wrack um dich herum hat sich nun ganz aufgelöst – nicht nur um dich herum, sondern auch in dir.

Gemeinsam mit den Meerjungfrauen schwebst du in einem sonnendurchfluteten, glitzernden Meer, und du spürst absolute Ruhe, Ausgeglichenheit und Harmonie. Genieße diesen Moment – es ist dein Moment!

Nun ist es an der Zeit, wieder an die Oberfläche zu schwimmen. Die Meerjungfrauen begleiten dich. Sie lassen dich auf dem Weg nach oben von einer Welle der Liebe und des Seins tragen. Spüre, wie du beim Aufstieg an die Wasseroberfläche immer leichter wirst und wie alles Schwere hinter dir zurückbleibt. Entspanne dich, fühle den Strom der ewig fließenden Energie.

Wenn ihr aufgetaucht seid, schwimmt ihr gemeinsam zurück in deine Grotte. Dort angekommen, setzt du dich auf einen Steinvorsprung. Du schaust an dir herunter und siehst und erlebst, wie es ist, wenn deine Quelle in deinem Herzen wieder frei sprudelt.

Während du deine Kette und deine eigene Quelle betrachtest, verwandelt sich deine Schwanzflosse wieder in deine Beine. Obwohl du zurück in deinem menschlichen Körper bist, erlebst du immer noch dieses freie, leichte, schöne und sprudelnde Gefühl deiner Herzquelle. Du spürst, wie die Kommunikation mit deinem Herzen und deinen Wünschen und Träumen nun wieder frei fließen kann. Dein Schatz leuchtet und strahlt in dir.

Bedanke dich bei deinen Meerjungfrauen für das, was sie für dich getan haben, und bedanke dich bei dir selbst, dass du deine Herzquelle wieder frei hast sprudeln lassen.

Es ist nun an der Zeit, dich von den Meerjungfrauen zu verabschieden. Du kannst jederzeit zurückkehren. Aber nun ist der Moment gekommen, ins Hier und Jetzt zurückzukehren. Du atmest dich von innen nach außen und nimmst dich hier in dieser Wirklichkeit wieder ganz wahr. Öffne deine Augen

BALANCE UND LEICHTIGKEIT: DEINE INNERE ZUFRIEDENHEIT

Die Meerjungfrauen strahlen eine innere Balance und Zufriedenheit aus. Sie wissen, wie sie jeden Moment genießen und voll ausschöpfen können. In deiner Grotte kannst du mit ihrer Hilfe mehr Freude, Begeisterung und Leichtigkeit in deinen Alltag bringen.

Schließe deine Augen, und lasse dich in dein Innerstes, in deine Grotte gleiten. Dort angekommen, schaust du dich in Ruhe um. Deine Sinne öffnen sich. Du erlebst deine Grotte intensiv: Was siehst du? Was riechst du? Was schmeckst du? Was hörst du? Was fühlst du? In deiner Grotte, auf einem Vorsprung, wartet schon eine Meerjungfrau auf dich. Neben ihr liegt eine große Muschel.

Setze dich neben die Meerjungfrau, und begrüße sie. Schaue dir die Muschel genau an, und berühre sie. Wie fühlt sich diese Muschel an? In ihr befindet sich eine schimmernde und glitzernde Flüssigkeit.

Durch die Magie, die die Meerjungfrau in sich trägt, kann sich die Wasseroberfläche in der Muschel in eine Art Leinwand verwandeln.

Die Meerjungfrau fragt dich, welche Dinge du besonders genießt. Du *magst* bestimmt viele Dinge, aber was genau *genießt* du? Was macht dir Freude? Was begeistert dich? Wirf nun einen Blick in die Muschel. Es spielen sich dort Szenen ab wie in einem Film. Du beobachtest dich nun bei Dingen, die du wirklich genießt. Du siehst dich in Situationen, die dir Freude bereiten und die dich begeistern. Du siehst Szenen, in denen du dich ausbalanciert gefühlt hast, Momente, in denen du glücklich warst, und Augenblicke, in denen du dich wohlgefühlt hast. Was waren das für Momente und Augenblicke?

Erlaube dir, diese Szenen zu genießen und sie in deinem ganzen Körper und mit all deinen Sinnen wahrzunehmen. Wie fühlt sich diese Freude an? Wo spürst du den Genuss? Wo fühlst du die Freude in dir? An einer ganz bestimmten Körperstelle? Kannst du diesem Gefühl einen Geschmack zuordnen? Kannst du einen Geruch damit verbinden? Oder ein Geräusch? Spielt vielleicht eine ganz bestimmte Melodie? An was erinnert dich das Gefühl?

Verfolge das Gefühl dieser Zufriedenheit in dir, und spüre ihm nach. Wo genau befindet es sich? Ist es ein leichtes oder schweres Gefühl? Kannst du dem Gefühl eine Form geben? Wo genau spürst du in deinem Körper diese Freude, Balance, Zufriedenheit?

Die Meerjungfrau lehnt sich zu dir und flüstert dir etwas ins Ohr. Das, was sie dir sagt, verdoppelt dieses Gefühl, sodass es in dir immer größer wird. Es wird schöner und strahlender. Du fühlst dich vollkommen in deiner Mitte. Du fühlst dich so zufrieden wie lange nicht mehr. Dich durchströmt ein wohliges Gefühl.

In dem Moment, in dem das Gefühl am stärksten ist, berührt dich die Meerjungfrau an der kleinen Vertiefung im Halsbereich, unterhalb des Kehlkopfes, über dem Brustbein und zwischen den Schlüsselbeinen. Mit dieser Berührung verankert sie die Zufriedenheit, das Wohlgefühl, die Balance, Begeisterung und Entzückung in dir, damit du diese Gefühle in deinen Alltag mitnehmen kannst.

Lege nun selbst deine Hand auf diese Stelle. In dem Augenblick, in dem du sie berührst, wird dein Körper mit der eben erlebten Zufriedenheit und inneren Balance durchflutet. Du spürst, riechst, hörst, schmeckst und erlebst, wie dich ein wohliges, zufriedenes und freudiges Gefühl durchströmt. Du fühlst dich nun ausgeglichen und motiviert. Vielleicht lächelst du auch.

Du kannst jederzeit zurückkommen, in die Muschel schauen und noch mehr wunderbare Gefühle in dir verankern. Aber nun ist die Zeit gekommen, dich bei der Meerjungfrau zu bedanken und dich von ihr zu verabschieden.

Atme dich von innen nach außen wieder ganz zurück zu dir, und komme ganz in diesem Raum im Hier und Jetzt an. Strecke dich, und werde dir vollkommen bewusst, dass du einen menschlichen Körper hast. Öffne deine Augen.

Jedes Mal, wenn du das Gefühl hast, nicht mehr in deiner inneren Balance zu sein, oder wenn du unzufrieden bist, berühre diese Stelle: Dich wird wieder eine Welle der Zufriedenheit, Freude, Leichtigkeit und des Wohlbehagens durchfluten. Du wirst dich wieder ausgeglichen und vollkommen in deiner Mitte fühlen.

I HOʻOKÂHI KÂHI KE ALOHA.

Sei eins in der Liebe.

DEINE LICHTPYRAMIDE

Du hast bereits erfahren, wie du deinen Tempel wieder erwecken und leuchten lassen kannst. Auch durftest du lernen, dass der Tempel als Körper aufgefasst werden kann. Er kann als Hülle, Energiefeld, aber auch als Symbol für den Erden- und die Himmelskörper, aber auch für deinen Kraftort und für den menschlichen Körper stehen. Lasse dich nun auf eine Reise zum Korallentempel mitnehmen. Es ist ein zauberhafter Ort, an dem du deine Lichtpyramide aufbauen und deine Wünsche und Träume in Erfüllung gehen lassen kannst.

Mache es dir vollkommen bequem, schließe die Augen, und atme ganz bewusst ein und aus. Mit jedem einzelnen Atemzug wirst du ruhiger. Gleite in den inneren Raum deines Herzens, und gehe noch tiefer an deinen inneren geistigen Ort. Du gleitest in deine Grotte.

Öffne all deine Wahrnehmungskanäle, und schaue dich um. Es warten schon deine Meerjungfrauen auf dich, denn ihr wollt gemeinsam abtauchen und heute den Korallentempel besuchen.

Du gleitest ins Wasser, und du spürst, wie sich deine Beine in einen Meerjungfrauenschwanz verwandeln.

Du machst einige Schwimmzüge, und es fällt dir vollkommen leicht, als Meerjungfrau zu schwimmen und beim Untertauchen normal weiterzuatmen.

Du schwimmst mit deinen Begleiterinnen aus der Grotte hinaus. Du spürst auf deiner Haut, wie sich das Wasser allmählich verändert – ihr seid nun im Meer und nicht mehr in der Grotte.

Du fühlst dich vollkommen sicher und geborgen. Die Meerjungfrauen sind immer an deiner Seite und nehmen dich, wenn du willst, an die Hand.

Das Wasser ist türkisblau und reflektiert die Sonnenstrahlen. Alles glitzert und funkelt. Du kannst auf den Grund des Meeres sehen. Du siehst das Land am Grund des Meeres und erkennst einen Tempel aus roten und weißen Korallen. Du tauchst mit den Meerjungfrauen ab. Ihr schwimmt zu diesem Tempel.

Dort angekommen, siehst und spürst du, dass dieser Ort eine Geborgenheit und Ruhe ausstrahlt und dass du dich wie zu Hause fühlen kannst. Die Meerjungfrauen sind noch immer an deiner Seite.

Du gleitest und schwimmst durch diesen Tempel, der von Licht durchflutet ist.

Du siehst, dass in den Boden vier leuchtende Sterne aus Perlmutt eingelassen sind. Sie bilden ein Quadrat. In ihrer Mitte befindet sich ein Mosaik von einer Meerjungfrau, die dir zum Verwechseln ähnlich sieht.

Du wirst nun die Lichtpyramide in diesem Tempel aufbauen und aktivieren. Sobald du bereit bist, schwimmst du genau auf die Mitte der vier Sterne, auf das Mosaik zu. Du wirst die ganze Zeit von deinen Meerjungfrauen beschützt. Es passiert nichts, was du nicht willst.

In der Mitte der vier Sterne angekommen, spürst du, wie dich die Sonne, der Mond und die Sterne gleichzeitig mit Licht umgeben. Durch deine Präsenz hast du genau diese Intensität des Lichtes ausgelöst. Das Licht ist genau auf dich ausgerichtet.

Die vier Sterne fangen nun an zu leuchten – sie bilden ein Quadrat, das aus Licht besteht. Du siehst und spürst, wie intensiv sie strahlen – hier unter Wasser auf Mutter Erde. Diese Strahlen verbinden sich genau über deinem Kopf zu einer Pyramide. Es bildet sich um dich herum eine Lichtpyramide aus der Energie der Sonne, der Sterne und des Mondes.

Sieh mit deinem inneren Auge. Spüre, erkenne und erlebe die Intensität des Lichts. Welche Farbe hat es? Wie fühlt es sich an? Spüre die klare und reine Energie. Erkenne, wie dieser Korallentempel mit Energie aufgeladen wird. Erlebe, wie er ein lichtvoller Tempel wird. Er wird zu einem Energiefeld, in dem Wünsche, Träume und Visionen sichtbar werden können.

Strecke deine Hände aus, und erlebe, wie es ist, diese Energie zu berühren. Was spürst du? Und in welchen Farben schimmert sie?

In diesem lichtvollen Tempel und mit der Lichtpyramide über dir kannst du nun deinen Wunsch, deine Vision oder deinen Traum formulieren. Dies ist ein Ort der Kraft, der dir seine Manifestationskraft zur Seite stellt. Lasse all deine Sinneswahrnehmungen bei der Formulierung deines Wunsches mit einfließen. Wie würde es sich anfühlen, wenn dein Wunsch, deine Vision oder dein Traum in Erfüllung gehen würde? Wie würdest du dich damit fühlen? Wie würde es aussehen? Wie würde es sein? Stelle dir alle Details vor. Du spürst und siehst, wie sich eine Lichtwelle bildet. Oben auf der Lichtwelle befindet sich dein Traum. Kurz bevor die Lichtwelle bricht, verwandelt sich dein Traum in einen hellen gleißenden Stern. Dieser Stern gleitet durch das Wasser nach oben und steigt in den Himmel. Du kannst ihn ganz klar sehen. Sieh, wie er plötzlich zu einer Sternschnuppe wird! In dir erwacht das Wissen, dass du nun alles getan hast, um diesen Traum Wirklichkeit werden zu lassen.

Schaue dich um, und sieh an dir hinunter. Du hast die Lichtpyramide nicht nur in diesem Tempel aufgebaut, sondern damit auch in dir. Auch in dir leuchten die Energie und das Licht. In deinem inneren Tempel leuchtet und strahlt deine Lichtpyramide.

Es ist nun die Zeit gekommen, diesen Korallentempel zu verlassen. Du schwimmst aus der Mitte des Mosaiks hinaus, und die Lichtpyramide erlischt. In deinem inneren Tempel ist sie aber immer noch präsent – in dir leuchtet sie noch immer hell, strahlend und funkelnd.

Du kannst jederzeit zurückkommen, diese Pyramide aufbauen und deine Wünsche hier Wirklichkeit werden lassen. Aber nun ist der Moment gekommen, diesen Ort zu verlassen.

Du schwimmst mit deinen Begleiterinnen wieder an die Wasseroberfläche und zurück in deine Grotte.

Du schaust noch einmal an dir hinunter und spürst, siehst und erlebst, dass die Pyramide aus Licht noch immer in dir leuchtet.

Du gleitest aus dem Wasser und nimmst ganz bewusst wieder deine menschliche Gestalt an. Auch hier nimmst du weiterhin das Licht in dir wahr.

Du verabschiedest dich von den Meerjungfrauen. Du kommst wieder ganz zurück in deinen menschlichen Körper im Hier und Jetzt. Atme dich von innen nach außen wieder ganz zurück zu dir, und komme ganz in der Wirklichkeit an.

Wackle mit deinen Füßen, und spüre deine Beine. Berühre deine Beine, und mache dir bewusst, dass du keinen Meerjungfrauenschwanz mehr hast.

Strecke dich, und werde dir bewusst, dass du einen menschlichen Körper hast. Öffne deine Augen.

 **DEINE MEERJUNGFRAUEN-PERLE**

Die Meerjungfrauen unterstützen uns in allem. Sie stehen uns helfend und freundschaftlich zur Seite. Es gibt Momente im Leben, in denen wir traurig, frustriert, allein oder verzweifelt sind – dann können wir die Meerjungfrauen um Unterstützung bitten und sie fragen, ob sie mit uns eine Perle erschaffen wollen. Diese Perle können wir auch für jemand anderen erschaffen, für jemanden, der uns um unsere Unterstützung bittet. Wir können ihm diese übergeben oder an ihn versenden. Durch die geballte Konzentration aus Ton, Farbe und Licht der Meerjungfrauen kann ein wunderschöner Kontakt mit allem entstehen.

Du kannst diese Übung mit jemandem machen, der dir gegenübersitzt. Du kannst sie aber auch allein machen und die Perle demjenigen zusenden, der dich um deine Hilfe gebeten und dir die Erlaubnis dazu erteilt hat.

Gehe in deine Grotte, und triff dich dort mit deinen Meerjungfrauen. Gleite zu ihnen ins Wasser, und werde wieder selbst zu einer Meerjungfrau.

Schildere den Meerjungfrauen, wofür du ihre Hilfe brauchst und was benötigt wird, wie zum Beispiel

Liebe, Zuversicht, Vertrauen, Freude, Ruhe, Geduld, Geborgenheit, Mut etc.

Die Meerjungfrauen zeigen dir eine Austernschale, die sie in ihren Händen halten. In ihr liegt eine Perle. Nimm diese Perle in deine Hände, und spüre, wie wunderschön seidig diese Perle ist.

Mit der Hilfe der Meerjungfrauen wirst du diese Perle aufladen, damit sie zu einer Perle aus Energie wird, und zwar aus der Energie, die gerade benötigt wird.

Die Meerjungfrauen singen in wunderbaren Tönen eine berührende Melodie. Du kannst und darfst auch singen, dies kann ein Ton sein, der dir gerade in den Sinn kommt, eine Melodie aus vergangener Zeit oder ein Lied, das gerade aktuell ist. Summe und singe das, was dir in diesem Moment in den Sinn kommt. Du spürst, dass die Perle anfängt zu vibrieren.

Als Nächstes lasst ihr die Perle in wunderbaren Farben leuchten. Welche Farbe wird in dieser Situation am meisten gebraucht? Welche Farbe könnte helfen? Lasst diese Farbe gemeinsam in die Perle fließen. Sieh, wie die Perle allmählich die Farbe annimmt. Vielleicht wird sie dabei sogar etwas größer?

Spüre, wie die Perle vibriert, und sieh, welche wunderbare Farbe sie nun angenommen hat.

Bitte die Meerjungfrauen, diese Perle zusätzlich mit Licht zu füllen. Du spürst, wie Licht aus ihren, aber auch aus deinen Händen in die Perle fließt. Ihr ladet gemeinsam die Perle mit eurem Licht auf. Sieh, wie sie strahlt, funkelt und wie hell sie ist. Sie wird ganz leicht und fängt an zu schweben.

Wenn die Perle für dich ist, bitte die Meerjungfrauen, dir die Perle an die Körperstelle zu legen, an der du diese Perle nun brauchst. Du spürst, wie die seidige Oberfläche der vibrierenden Perle auf deinem Körper liegt und wie dich der Ton, die Farbe und das Licht durchströmen. Du erlebst, wie deine Zellen die Eigenschaft aufnehmen und sie sich in deinem Körper verteilt. (Häufig geschieht dies an den Stellen deiner Chakren.)

Wenn du eine Perle für dein Gegenüber aufgeladen hast, öffne deine Augen, und lege die Perle symbolisch in seine Hände. Dein Gegenüber kann seine Hände auf sein Herz legen und die Energie dieser Perle tief in sich einatmen.

Wenn du die Perle versenden möchtest, dann warte, bis die Perle vibriert, farbenfroh, hell, strahlend und leicht ist. Wenn sie schwebt, bitte die Meerjungfrauen, die Perle zu übergeben. Du wirst wahrnehmen, wie sich eine Meerjungfrau aus der Gruppe löst und die Perle an eine Meerjungfrau übergibt, die aus dem Wasser auftaucht. Behutsam nimmt sie die Perle mit und übergibt sie an den Empfänger.

Bedanke dich bei den Meerjungfrauen für ihre Hilfe und Unterstützung, und kehre wieder ganz ins Hier und Jetzt zurück.

HE KEHAU HO`OMA`EMA`E
KE ALOHA.
Liebe reinigt alles
wie Morgentau.

Ausklang

 ## DAS WASSER UND SEINE BEDEUTUNG

Thales von Milet schrieb um 600 vor Christus, dass das Prinzip aller Dinge Wasser sei und dass alles ins Wasser zurückkehren wird. So ist das Wasser das Element, aus dem wir stammen. Es ist aber auch das erste, mit dem wir in Verbindung stehen: Fast zehn Monate befinden wir uns in diesem Element – in dem Wasser der Fruchtblase entwickeln wir uns und wachsen darin heran. Wir kommen also aus dem Element Wasser – und das haben wir mit den Meerjungfrauen gemeinsam. Daher lohnt es sich, das Element und seine Eigenschaften genauer zu betrachten. Es ist diese tiefe und anfängliche Verbindung mit unserem Ursprungselement, die uns so einfach und selbstverständlich mit den Meerjungfrauen und mit Delfinen in Resonanz gehen lässt. Wasser ist der Grundbaustein allen Lebens. Unsere Erde wird als der blaue Planet bezeichnet, da die Erdoberfläche zu etwa 70 Prozent mit Wasser bedeckt ist. Dies ergibt eine über 360 Millionen Quadratkilometer große Fläche, die für den lebenswichtigen Wasserkreislauf zwischen Atmosphäre und Erdoberfläche und somit für unser Klima verantwortlich ist. Ohne diesen Kreislauf wäre ein Leben auf der Erde nicht möglich. Und auch unsere Welt, so wie wir sie kennen, könnte ohne Wasser nicht existieren. Es lässt unseren Planeten und uns aufblühen, leben und wachsen.

Wir Menschen bestehen ebenfalls zu etwa 50 bis 80 Prozent aus Wasser. Es ist in unserem Körper einer der wichtigsten Bausteine für unser Leben, denn es regelt die Körpertemperatur und den Blutfluss. Zudem stellt Wasser den Hauptbestandteil unserer Zellen dar und ermöglicht den dort stattfindenden Stoffwechselprozess. Auch unsere Knochen und Zähne bestehen zu einem bestimmten Anteil aus Wasser. Demnach können wir Knochen und Zähne als eine Art Wasserspeicher sehen. Zum Beispiel gelten auf Hawaii die Knochen als Sitz der Seele, und in anderen Kulturen nimmt man an, dass Erinnerungen in den Zähnen gespeichert werden. Folglich ist Wasser nicht nur überlebenswichtig für uns, sondern symbolisiert auch unsere Erinnerungen und Erfahrungen.

Trotz des hohen Wassergehalts im Körper verfügt der Mensch jedoch kaum über Wasserreserven. Doch Wasser ist neben der Atemluft einer unserer wichtigsten Grundstoffe – ohne Wasser überlebt der Mensch gerade einmal vier Tage. Es gibt unzählige Orte in unserem Körper, an denen das Wasser eine bedeutende Rolle spielt. Es scheint fast so, als sei unser Körper ein Spiegel unseres Planeten und wir Menschen seien die Mikro-Welt jener Makro-Welt, auf der wir wandeln.

Das Wasser hat natürlich auch eine reinigende Wirkung auf unseren Körper, denn es ist Lösungsmittel für Nährstoffe und Abbauprodukte. Doch auch auf spiritueller, geistiger Ebene kann es reinigend wirken. Wasser kann uns unterstützen, uns von nicht dienlichen Energien zu befreien und uns wieder neu aufzuladen oder uns in unserem Energiekörper auszurichten.

Auf Hawaii wird zum Beispiel Salzwasser zum Reinigen des Körpers benutzt. Dies ist mit der Vorstellung verbunden, dass Wasser unser Leben und das Salz unseren Spirit, unseren Geist, unsere Seele symbolisiert. Durch das Zusammenbringen und Einsetzen dieser zwei Komponenten werden Körper, Geist und Seele gereinigt.

Durch all diese Erkenntnisse ist es ein Stück weit einfacher zu erklären, warum die Meerjungfrauen in unseren Träumen, in unseren Vorstellungen und in unserem Leben einen selbstverständlichen Platz einnehmen und warum wir uns so verbunden mit ihnen fühlen. Du kannst dir dies wie einen Dominoeffekt vorstellen: Durch die Verbindung mit den Meerjungfrauen wird etwas in uns angestoßen, da das Wasser in uns diese Informationen, Erlebnisse und Übungen an alle Zellen in unserem Körper sendet. Darüber hinaus können Erfahrungen und Erinnerungen auf diese Weise wieder in unser Bewusstsein geholt werden – altes Wissen wird für uns sichtbar.

Der Aspekt, dass Wasser alle Informationen in jeglicher Form speichert, hat Masaru Emoto mit seinen Fotografien von gefrierendem Wasser deutlich gemacht.

Unendlich viele und uralte Informationen sind im ewigen Eis dieser Erde gebunden. Die Meerjungfrauen können unser Bindeglied oder unsere Übersetzerinnen dieser uralten Informationen sein. Sie verleihen dem Wasser ihre Stimme, damit wir diesem lauschen können, und sie berichten uns von den unbekannten, verborgenen Teilen der Ozeane, den Ahnen, den Sternen und dem Universum. Einige von uns können ihr Lied bereits hören, da sie ihr Meerjungfrauenwesen leben. Andere erleben dieses Wesen wiederum nur, wenn sie unter Wasser sind – doch dann durchflutet auch sie das Gefühl dieser göttlichen Anbindung. Durch Meditationen, Übungen oder die Rückverbindung mit dem Wasser der Ozeane kann aber jeder von uns das Meerjungfrauenwesen in sich erwecken und es größer oder sichtbarer werden lassen. Diese Rückverbindung ist eine Verbindung mit dem Fluss des Lebens selbst.

# MEERJUNGFRAUEN HEUTE

Es gibt viele Filme und Serien, die sich mit der Meerjungfrau beschäftigen und den Fokus auf sie richten. Es
scheint, als sei die Meerjungfrau nie präsenter gewesen
als heute. Sie wird inzwischen als vollkommen selbstverständlich wahrgenommen.
Spricht man über Meerjungfrauen, so kommt vielen der
Film *Splash* (1984) in den Sinn, in dem eine Meerjungfrau in New York auf Beinen umherwandelt und sich nur
in eine Meerjungfrau verwandelt, wenn sie nass wird.
(Daher rührt vermutlich die Vorstellung, dass man erst
im Element Wasser wieder zur sichtbaren Meerjungfrau
wird.) Der Film hat ein Happy End: Die Meerjungfrau zeigt
ihrem Geliebten, dass er vor dem Meer keine Angst haben
und sich an ihrer Seite vor nichts fürchten muss. Gemeinsam schwimmen sie in eine neue Zukunft.
Arielle, die Meerjungfrau (1989) von Disney ist vermutlich die bekannteste Meerjungfrauenverfilmung. Sie
nimmt einen mit auf die Reise zu Andersens kleiner
Meerjungfrau. In diesem Film kommt es allerdings zu
einem glücklichen Ende: Arielle bekommt ihren Prinzen
und kann mit ihm, dem Meer und ihrer Familie in Koexis-
tenz leben. Zu diesem Film wurden unzählige Figuren,
Schulutensilien und Kostüme produziert, die junge
Mädchen in die Rolle der Meerjungfrau schlüpfen las-

sen. Zudem gehört Arielle zu den Top 5 der beliebtesten Disney-Prinzessinnen.

Meerjungfrauen küssen besser (1990) ist ein romantischer Film, der mit dem Titel und mit dem nassen Element spielt. Die Meerjungfrau ist hier nicht wörtlich zu verstehen, wir haben es nicht mit einer Fantasy-Geschichte zu tun, sondern die Hauptdarstellerin verkleidet sich nur als solche. Cher spielt hier eine alleinerziehende Mutter, die weder alt werden noch ihre Ungebundenheit aufgeben möchte. Auf einer Silvesterparty küsst sie als Nixe verkleidet einen in sie verliebten, aber biederen Schuhverkäufer. Zudem ist ihre jüngste Tochter vom Wasser fasziniert und bestrebt, einen Tauchrekord zu brechen. Aus diesen Themen machte Richard Benjamin eine amüsant-charmante Komödie.

Darüber hinaus gibt es gleich zwei TV Serien zum Thema Meerjungfrauen: *H$_2$O – Plötzlich Meerjungfrau* (2006–2010) und Mako – Einfach Meerjungfrau (seit 2013). Diese Serien haben mittlerweile fast weltweit die Meerjungfrau zurück ins Wohnzimmer, Kinderzimmer und in die Köpfe und Herzen der Menschen geholt – und das Meerjungfrauenwesen wieder leuchten lassen. *H$_2$O* handelt von drei Mädchen im Teenageralter, die sich in Meerjungfrauen verwandeln, wenn sie nass werden. Sie versuchen, diese Fähigkeit geheim zu halten, indem sie ein Doppelleben führen. Sie wurden zu Meerjungfrauen aufgrund eines Missgeschickes: Sie hatten im Mondsee auf der Insel Mako Island zur Vollmondzeit zu lange gebadet. Auch die Serie *Mako* dreht sich um drei Meerjungfrauen im Teenageralter, die eine menschliche Gestalt annehmen können. Aus Versehen verwandeln sie einen Jungen in einen Meermann. Um diesen Zauber wieder rückgängig zu machen, versuchen sie, ein normales Leben an Land zu leben. In beiden Serien besitzen die Meerjungfrauen und Meermänner einzigartige magische Fähigkeiten.

Inspiriert und ausgelöst durch all diese Filme und Serien gibt es inzwischen in vielen Städten sogenannte Meerjungfrauenclubs (www.meerjungfrauen-club.de). Ihre Mitglieder treffen sich in Schwimmbädern, um hier in Meerjungfrauenkostümen zu schwimmen. Sie wollen erleben, wie es ist, eine Meerjungfrau zu sein. Diesem Gefühl kommen sie näher, wenn sie genauso aussehen und sich genauso bewegen wie eine Meerjungfrau. Man spricht sogar von einer neuen Sportart, vom Schwimmen mit einer Monoflosse. Das Kostüm besteht dabei aus der Monoflosse, einer großen Flosse für beide Füße, und einem dehnbaren Strumpf, den man über die Flosse und die Beine zieht. Die meist jungen Mädchen und Jungen sind mit Eifer dabei und üben einige Stunden in der Woche. Dabei werden sie häufig von Tauchvereinen unterstützt. Sie haben meist einen Internetauftritt oder präsentieren sich bei Facebook und YouTube – um noch mehr Gleichgesinnte zu finden. Sowohl die Kinder als auch die Erwachsenen gehen ganz selbstverständlich mit dem Thema Meerjungfrau um und werden von vielen Seiten unterstützt – so groß ist die Freude, dass diese magischen Wesen wieder gesehen und erlebt werden. So werden auch große Meerjungfrauentreffen veranstaltet, auf denen man sich austauschen, gemeinsam schwimmen und das eigene Meerjungfrauenwesen leuchten lassen kann.

Nachwort

In Vorbereitung auf dieses Büchlein und durch den intensiven Kontakt mit den Meerjungfrauen haben wir erlebt, wie unser Meerjungfrauenwesen noch stärker, leuchtender und wahrnehmbarer wurde. Wir haben uns auf die Spuren der Meerjungfrau durch Raum und Zeit begeben, und wir reisten an Orte, an denen die Meerjungfrau ganz präsent war. Unsere Zellen begannen, immer stärker und immer mehr im Wissen der Meerjungfrau zu schwingen. Auch du kannst das erleben! Die vielen Übungen, Meditationen und Denkanstöße, die wir dir in diesem Büchlein gegeben haben, werden dir dabei helfen, und so wirst auch du dein Meerjungfrauenwesen in dir erwecken!

Sehr hilfreich kann dabei das Verkleiden als Meerjungfrau sein. Von einer spirituellen Lehrerin wurde uns berichtet, wie sie mit ihren Klienten allein durch das Verkleiden eine Transformation und Erweckung des Meerjungfrauenwesens erreicht hat und wie ihre Klienten eine tiefe Verbindung mit ihrer inneren Fröhlichkeit, Leichtigkeit und Urweiblichkeit erleben konnten. Wir hatten zunächst unsere Zweifel, ob das einfache Verkleiden schon dabei helfen würde, unser Meerjungfrauenwesen zu erwecken, jedoch wurden wir eines Besseren belehrt. Wir können nun noch ergänzen, dass zudem eine Schönheit in jeder unserer Zellen spürbar wurde.

Da wir Zwillinge zusammen nur ein vollständiges Meer-jungfrauenschwanzkostüm besitzen und sich daher immer nur eine von uns als Meerjungfrau verkleiden kann, können wir aber *auch* berichten, dass die Verkleidung nicht unbedingt vonnöten ist. Das Verkleiden kann eine Hilfe oder Stütze sein, du kannst dein Meerjungfrauen-wesen aber auch anders erwecken.

Ein besonders schönes Erlebnis hatte Wibke, als sie vor der Küste Hawaiis mit wilden Delfinen in einem Meer-jungfrauenschwanzkostüm schwamm. Das gemeinsame Schwimmen mit Delfinen hatten wir dort auf klassische Art und Weise schon mehrmals erlebt und durften bereits damals die tiefe Herz-zu-Herz-Verbindung mit den Delfi-nen spüren. Doch dieses Mal sollte alles noch unglaubli-cher werden, denn Wibke erlebte, spürte und sah, wie sie nicht nur die Delfine, sondern auch die Meerjungfrauen in ihnen wiedererkannte. Sie merkte uralte Erinnerungen an ein vergangenes Meerjungfrauenwesen in sich erwachen, es stellte sich eine Verbindung zu ihrem uralten Wissensspeicher und Ursprung her, und sie fühlte in jeder Zelle Glück, Ekstase und Angekommensein. Dieses Gefühl hielt sich über Tage, sie konnte es in sich verankern, wodurch es auch heute immer noch abrufbar ist.

Die Transformation, die man erlebt, wenn man sich einen Fischschwanz »wachsen« lässt und seine Schuppen spürt, haben wir aber nicht nur im Wasser vollzogen. Wir haben das Fischschwanzkostüm auch an anderen Plätzen übergezogen, an besonderen »Meerjungfrauen-Plätzen«. Dort erlebten wir die Transformation und Erweckung des Meerjungfrauenwesens in uns ganz deutlich, überwältigend und wie von Zauberhand.

Die Meerjungfrau zieht heute nahezu jeden in ihren Bann. Dies durften wir an der Statue der kleinen Meerjungfrau in Kopenhagen miterleben. Es gibt kaum eine Möglichkeit, mit ihr allein zu sein, immer ist sie umringt von Menschen jeglichen Alters und Geschlechts. Darunter sind meist Familien, es kommen aber auch viele Erwachsene ohne Kinder, um der Meerjungfrau nahe zu sein. Wenn allerdings Kinder dabei sind, dann wird der Meerjungfrau gewinkt, ihr etwas zugeflüstert und ihr überschwänglich »Auf Wiedersehen« zugerufen. Einmal konnten wir beobachten, wie ein kleines Mädchen aus Großbritannien ihren Vater fragte, ob die Meerjungfrau sie überhaupt hören könne, denn so viele Menschen waren um sie herum und so ein Trubel herrschte um die kleine Meerjungfrau.

Manchmal sind die Menschen sogar zu Tränen gerührt, wenn sie nun endlich die Meerjungfrau sehen. Als Anne-Mareike bei der Statue ihr Meerjungfrauenkostüm anzog, war dies für die Besucher etwas vollkommen Selbstverständliches und wurde nicht hinterfragt. Ganz im Gegenteil, es wurde mit viel Freude und Respekt willkommen geheißen, denn wo sollte man sich eher als Meerjungfrau fühlen und sein Meerjungfrauenwesen leben dürfen, als bei der kleinen Meerjungfrau?

Man hat inzwischen das Gefühl, dass einem das Thema Meerjungfrau überall begegnet. Einen besonders schönen Moment erlebten wir auf Hawaii. Als wir Bilder von uns als Meerjungfrauen machten, ließ sich eine kleine Meerjungfrau von ihrer Mutter zu uns herübertragen. Sie wollte uns unbedingt in ihrem Meerjungfrauenkostüm begegnen, da sie befürchtete, dass wir sie ohne Kostüm womöglich nicht als unseresgleichen erkennen würden. Sie war so glücklich, dass sie nun endlich erwachsene Meerjungfrauen kennenlernen durfte, und »fachsimpelte« mit ihren sechs Jahren mit uns über Meerjungfrauen.

Meerjungfrauen sind überall – und wenn wir sie erstrahlen lassen, werden wir uns selbst erkennen und uns wiederfinden!

ÜBER DIE AUTORINNEN

Die Zwillingsschwestern Anne-Mareike und Wibke-Martina Schultz schlugen zunächst vollkommen unterschiedliche Lebenswege ein: Anne-Mareike begann ein Studium der Rechtswissenschaften und Wibke-Martina nahm ein Pharmaziestudium auf. Doch nach Beendigung des Studiums und individuellen Erfahrungen entdeckten beide die Naturheilkunde für sich. Sie absolvierten Ausbildungen zur Heilpraktikerin und eröffneten eine Gemeinschaftspraxis in Neumünster (Schleswig-Holstein).

www.naturheilpraxis-schultz.de

BILDNACHWEIS

Seite 4, 8, 12, 22, 26, 38, 45, 52, 63, 67, 80, 85, 92, 97, 102 und 105: © Anne-Mareike und Wibke-Martina Schultz, www.naturheilpraxis-schultz.de; Bilder von der Bilddatenbank www. shutterstock.com: Seite 8, 92 und 102: © vilenchik #60582430; Seite 4, 12, 38, 45, 52, 80, 85 und 97: © PHOTOCREO Michal Bednarek #137510531; Seite 4, 8, 12, 38, 45, 52, 80, 85 92, 97 und 102: © Willyam Bradberry # 98001155; Schmuckelemente auf allen Seiten: © Oksanika #50214592 und #121249963.

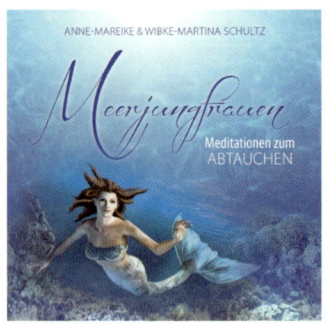
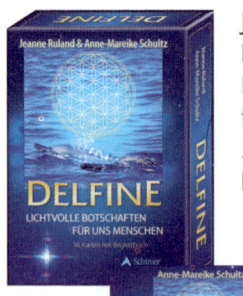